DIBUJO Y PINTO

PERROS

PAU RODRÍGUEZ

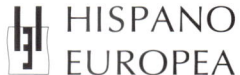

HISPANO
EUROPEA

Título de la edición original:
Je dessine des Chiens

El autor reivindica el derecho moral de ser iden-
tificado como autor de esta obra.
Ilustraciones originales de Pau Rodríguez

Es propiedad, 2011:
© Éditions Vigot, Paris

© de la edición en castellano, 2012:
Editorial Hispano Europea, S. A.
Primer de Maig, 21 - Pol. Ind. Gran Via Sud
08908 L'Hospitalet - Barcelona, España
E-mail: hispanoeuropea@hispanoeuropea.com

© de la traducción: Pilar Guerrero

Depósito Legal: B. 16.401-2012

ISBN: 978-84-255-2051-8

Consulte nuestra web:
www.hispanoeuropea.com

IMPRESO EN ESPAÑA   PRINTED IN SPAIN
T. G. SOLER, S. A. - Enric Morera, 15 - 08950 Esplugues de Llobregat (Barcelona)

¡HOLA AMIGOS!

HE OÍDO DECIR QUE ALGUNOS DE VOSOTROS TENÉIS DIFICULTADES PARA DIBUJAR VUESTRA MASCOTA.

BIEN, PUES OS VOY A ENSEÑAR EN ESTE LIBRO A CONSEGUIRLO FÁCILMENTE A PARTIR DE UNA ESTRUCTURA SIMPLE, A BASE DE FORMAS GEOMÉTRICAS. GRACIAS A ALGUNOS CONSEJOS QUE OS AYUDARÁN A OBSERVAR MEJOR, TENDRÉIS EL ÉXITO ASEGURADO CUANDO QUIERÁIS DAR VIDA AL MEJOR AMIGO DEL HOMBRE.

¡VAMOS ALLÁ!

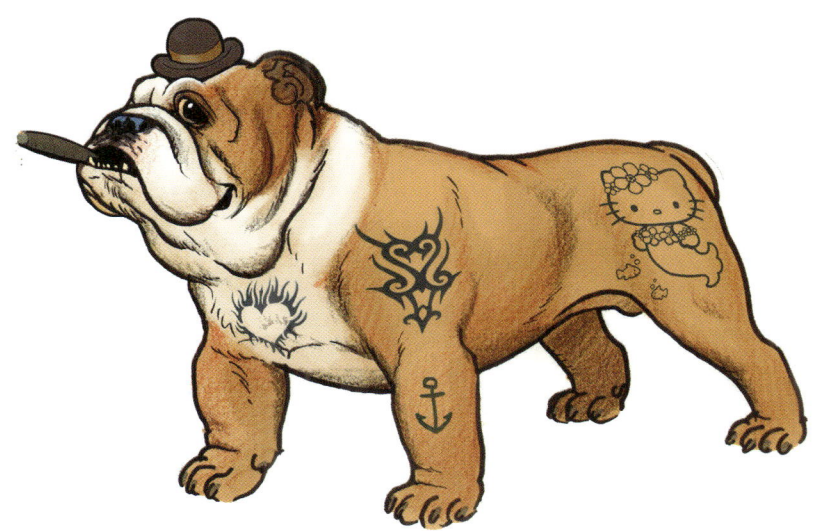

ANATOMÍA CANINA

LOS PERROS TIENEN UNA ESTRUCTURA INTERNA QUE DETERMINA SU FORMA EXTERIOR, LA CUAL ES -POR OTRA PARTE- MUY CERCANA A LA DE OTROS MAMÍFEROS, INCLUIDO EL SER HUMANO. PODRÍAMOS SIMPLIFICAR DICHAS FORMAS DEL SIGUIENTE MODO:

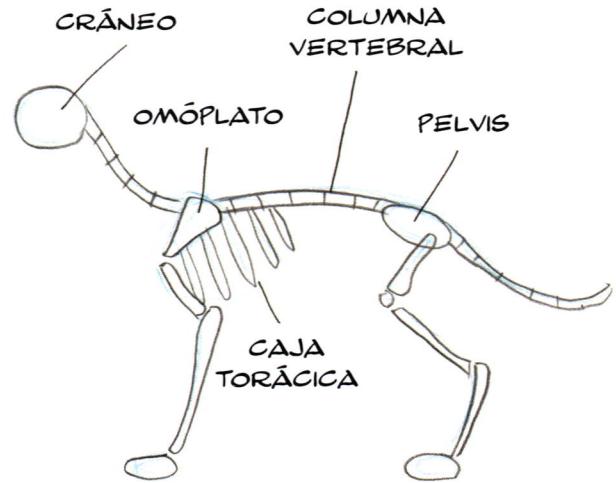

COMPARADOS CON LOS HUMANOS, LOS PERROS PARECEN TENER LAS RODILLAS DE LAS PATAS TRASERAS AL REVÉS. LA VERDAD ES QUE SON COMO NOSOTROS, SOLO QUE LAS PROPORCIONES SON DISTINTAS. ¡LO QUE A NOSOTROS NOS PARECEN SUS RODILLAS DOBLADAS HACIA ATRÁS SON, EN REALIDAD, LO QUE SERÍAN NUESTROS TALONES!

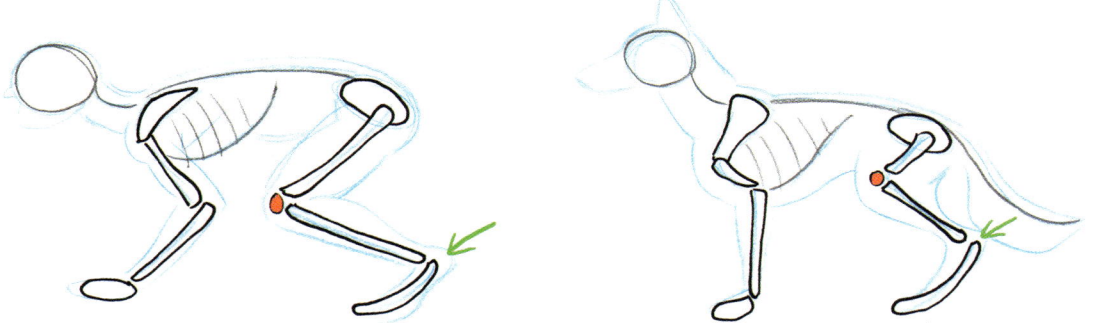

DIBUJAR PERROS ES MUCHO MÁS FÁCIL DE LO QUE PARECE. LO PRIMERO QUE HAY QUE HACER ES OBSERVAR DETENIDAMENTE PARA FIJARSE EN LAS FORMAS GEOMÉTRICAS GENERALES QUE LOS COMPONEN, DE MANERA TAN SIMPLE QUE TODO EL MUNDO SERÁ CAPAZ DE DIBUJAR.

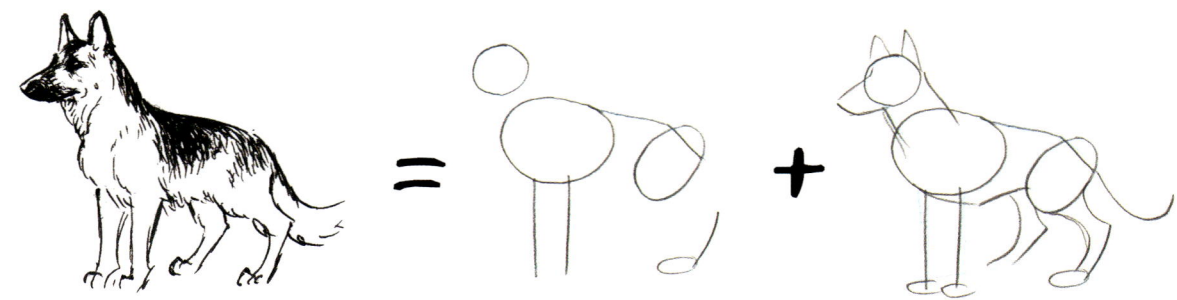

OBSERVA ATENTAMENTE LA FORMA DEL MORRO: LA LÍNEA QUE LO UNE AL CRÁNEO ¿ES SUAVE, TIENE EL MORRO CHATO, CÓNCAVO, CONVEXO, LARGO, FINO O ANCHO?

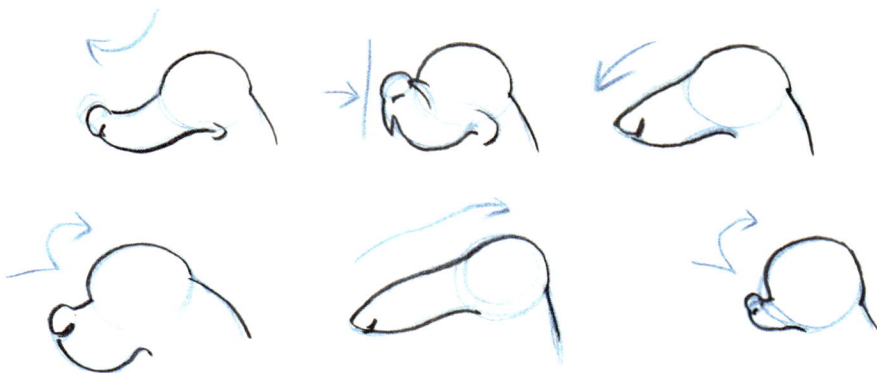

ES IGUALMENTE IMPORTANTE FIJARSE EN LAS OREJAS. ¿ESTÁN JUNTAS O SEPARADAS? ¿SON LARGAS, PUNTIAGUDAS O PELUDAS? ¿ESTÁN ENCIMA DE LA CABEZA O SE LE CAEN POR LOS LADOS?

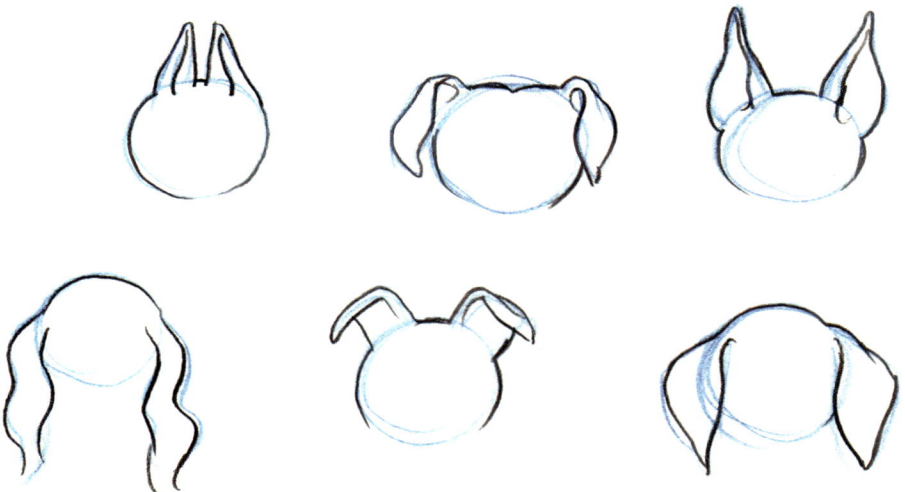

¿CÓMO TIENE LA COLA? ¿CORTA, LARGA, PELUDA, ALTA, BAJA, CORTADA?

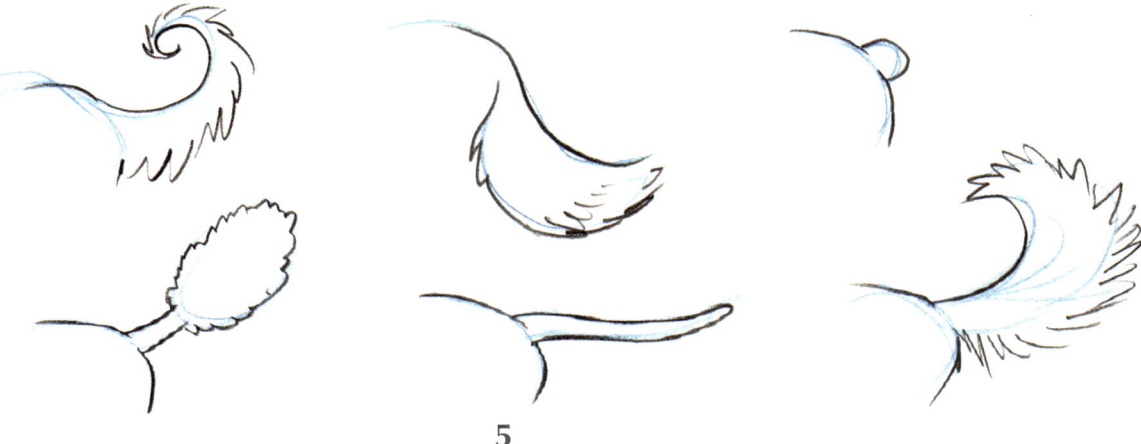

AHORA VAMOS A FIJARNOS EN SU LOMO. ¿LO TIENE HORIZONTAL, INCLINADO, CÓNCAVO O CONVEXO?

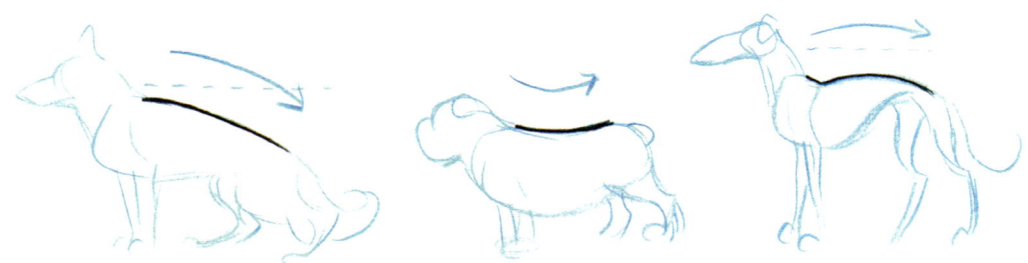

SABER DIBUJAR LA MIRADA ES MUY IMPORTANTE. ESTUDIA BIEN AL PERRO Y COMPARA SU CARA CON ALGUNA EXPRESIÓN HUMANA. ¿SU CARA PARECE TRISTE? ¿TIENE UNA EXPRESIÓN ENFADADA? ¿TIENE PINTA DE LISTO O MÁS BIEN PARECE UN GANDUL SIN INTERESES?

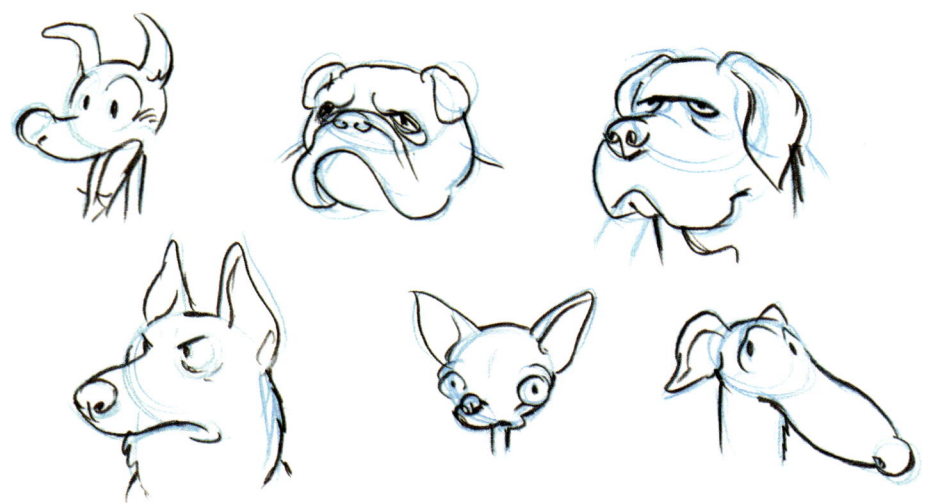

CUANDO ANDA, SUS PATAS DELANTERAS SE MUEVEN A LA INVERSA DE LAS TRASERAS Y LAS PATAS DERECHAS VAN AL CONTRARIO DE LAS IZQUIERDAS.

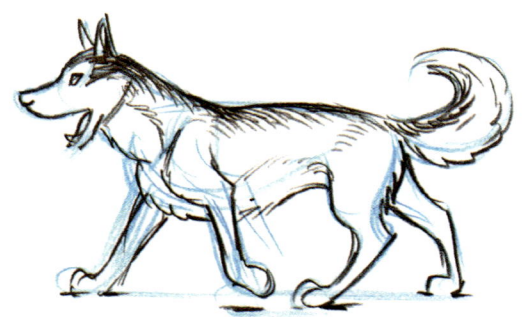

A PARTIR DE FORMAS MUY SENCILLAS ES MÁS FÁCIL DIBUJAR UN PERRO DESDE CUALQUIER PUNTO DE VISTA. DESPUÉS DE HABER DIBUJADO LA SILUETA PODREMOS IR AÑADIENDO DETALLES.

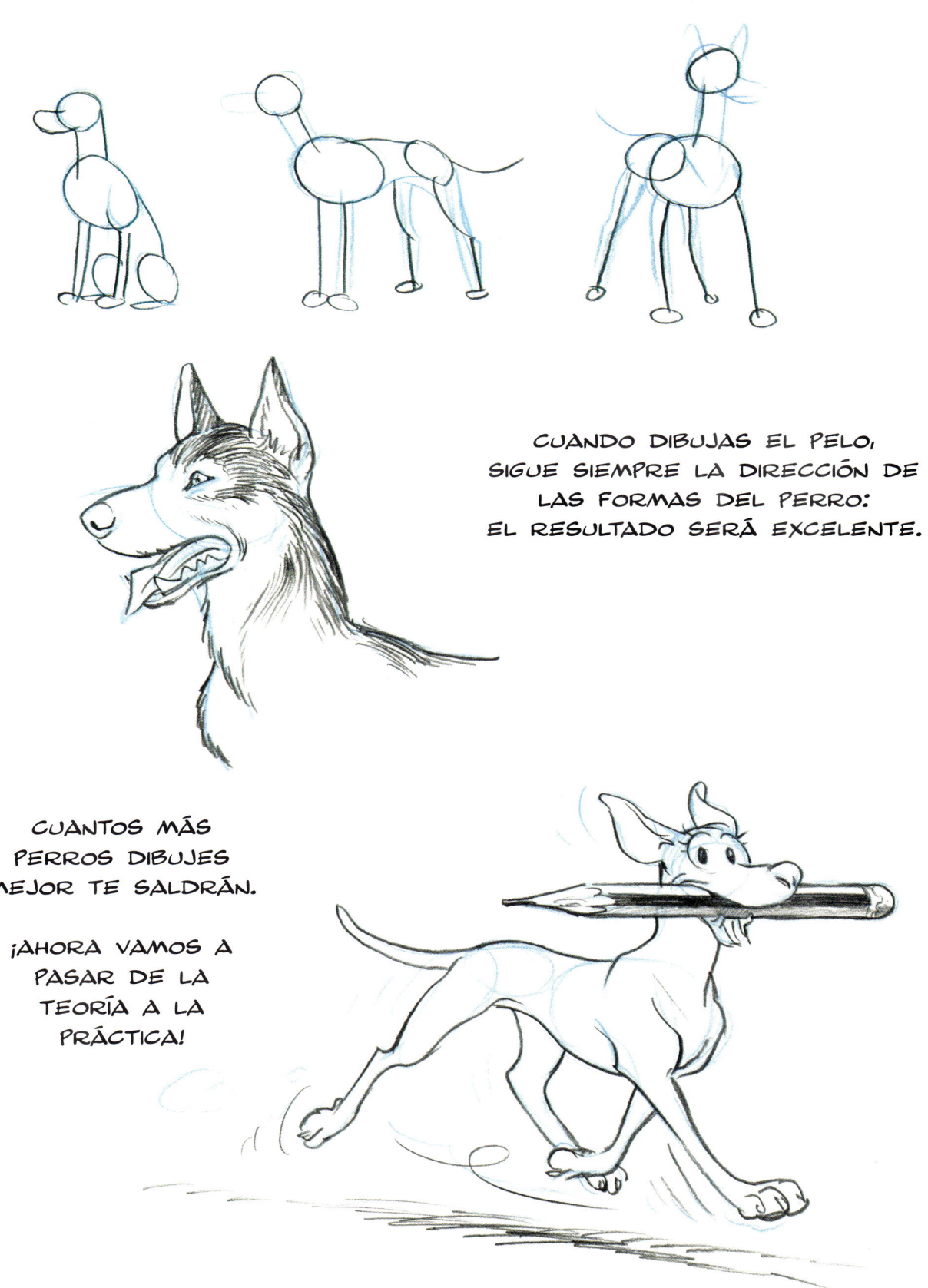

CUANDO DIBUJAS EL PELO, SIGUE SIEMPRE LA DIRECCIÓN DE LAS FORMAS DEL PERRO: EL RESULTADO SERÁ EXCELENTE.

CUANTOS MÁS PERROS DIBUJES MEJOR TE SALDRÁN.

¡AHORA VAMOS A PASAR DE LA TEORÍA A LA PRÁCTICA!

CANICHE

1

2

3

4

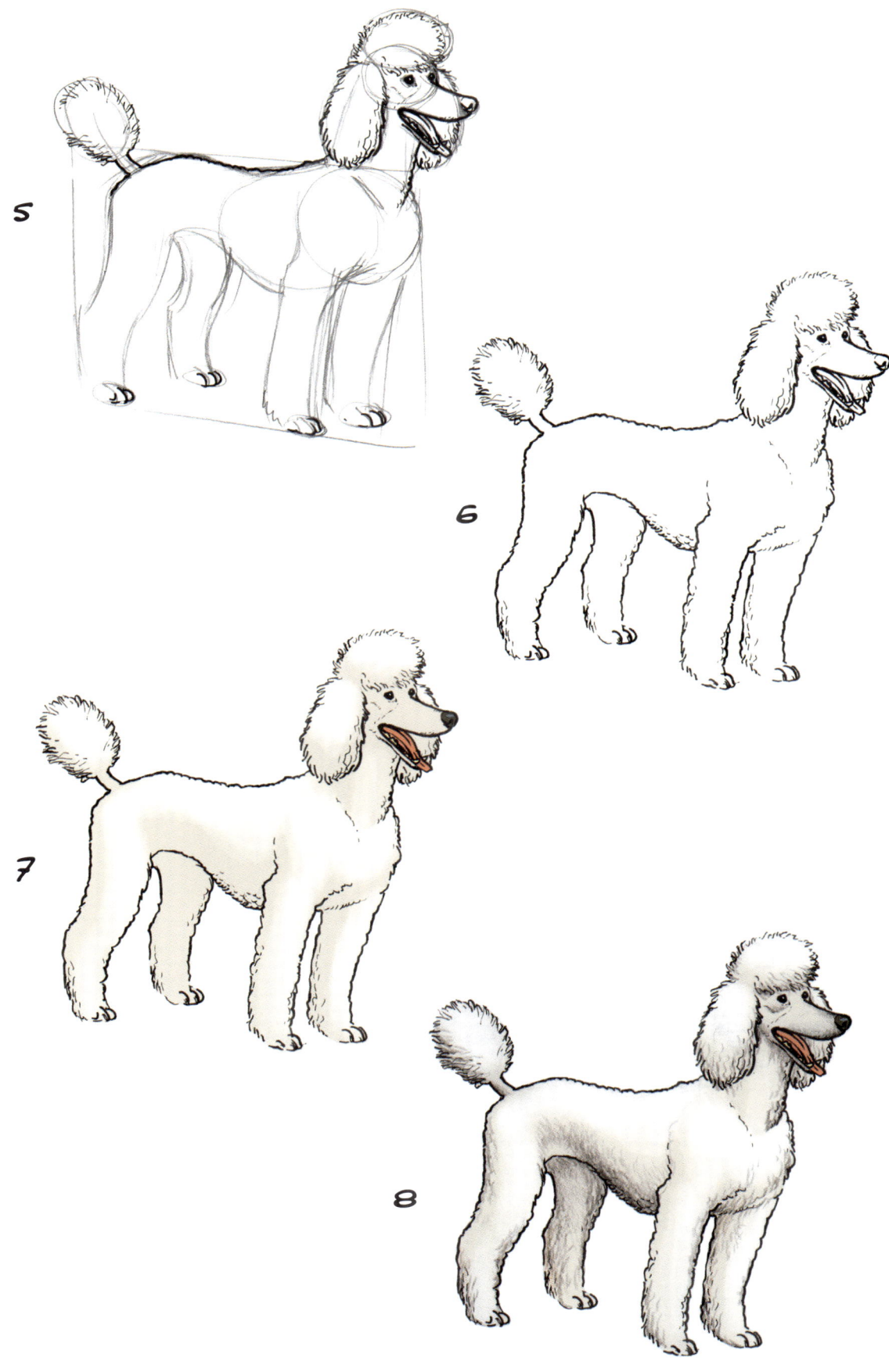

5

6

7

8

9

BULLDOG

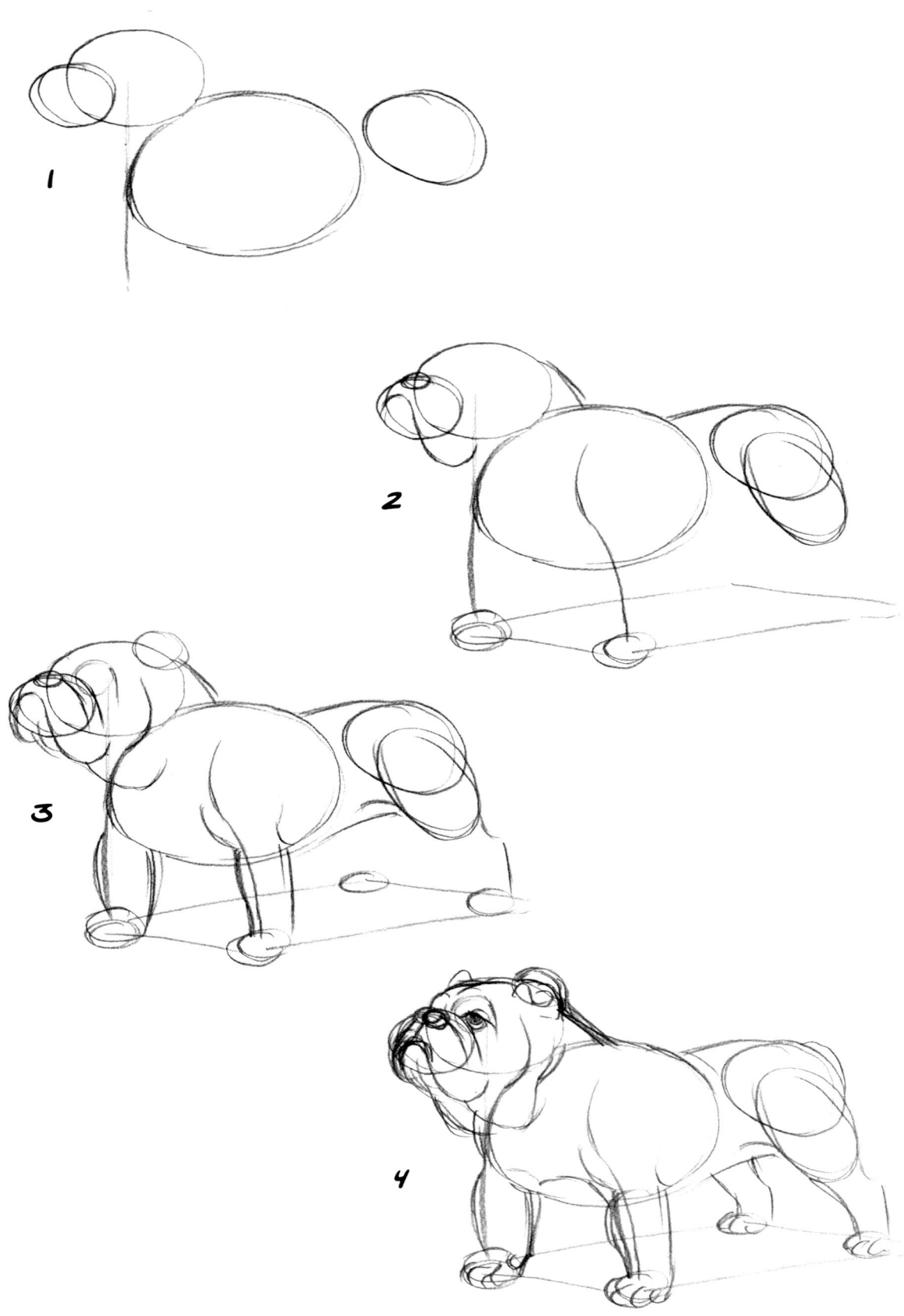

1

2

3

4

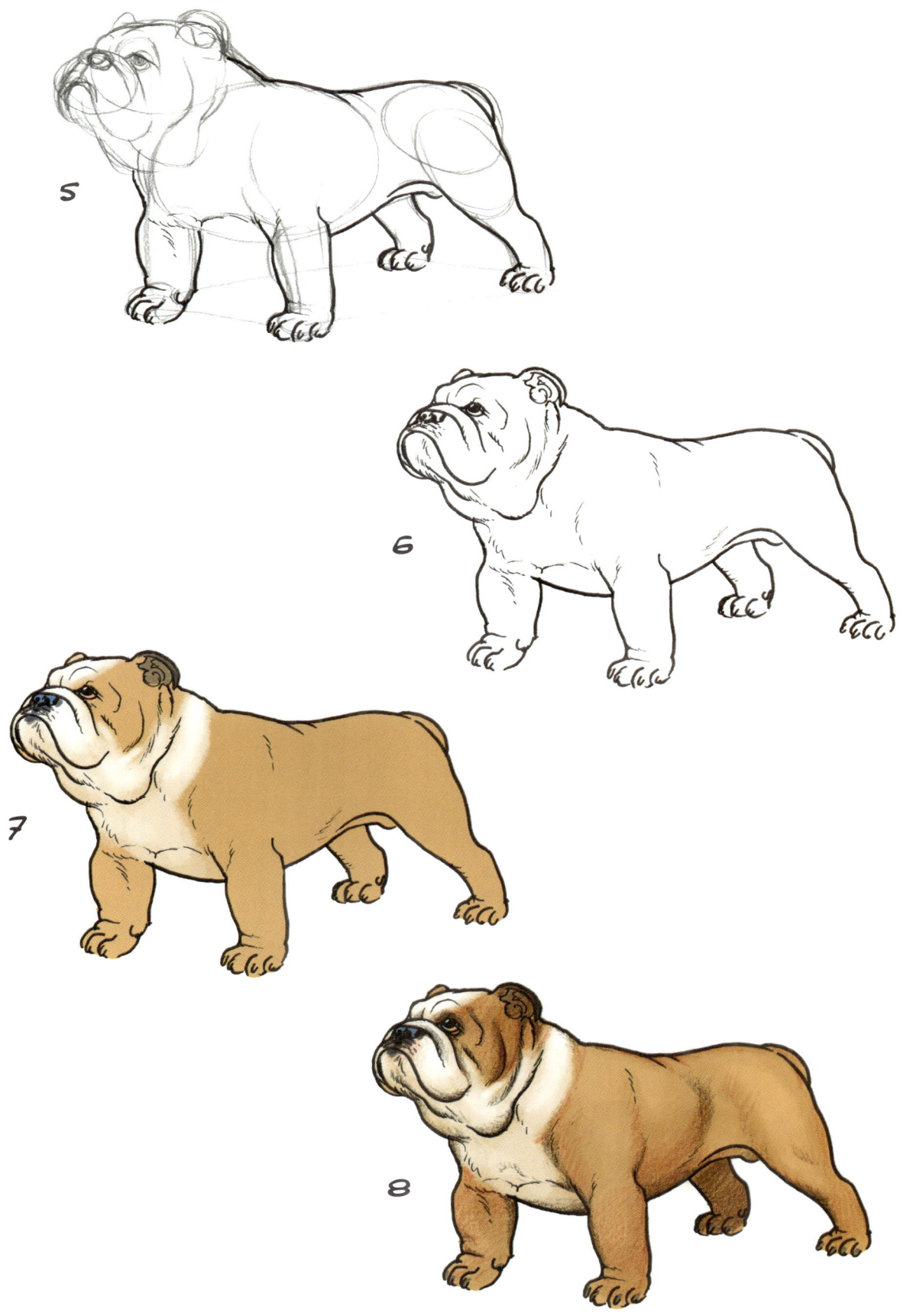

5

6

7

8

11

COLLIE

1

2

3

4

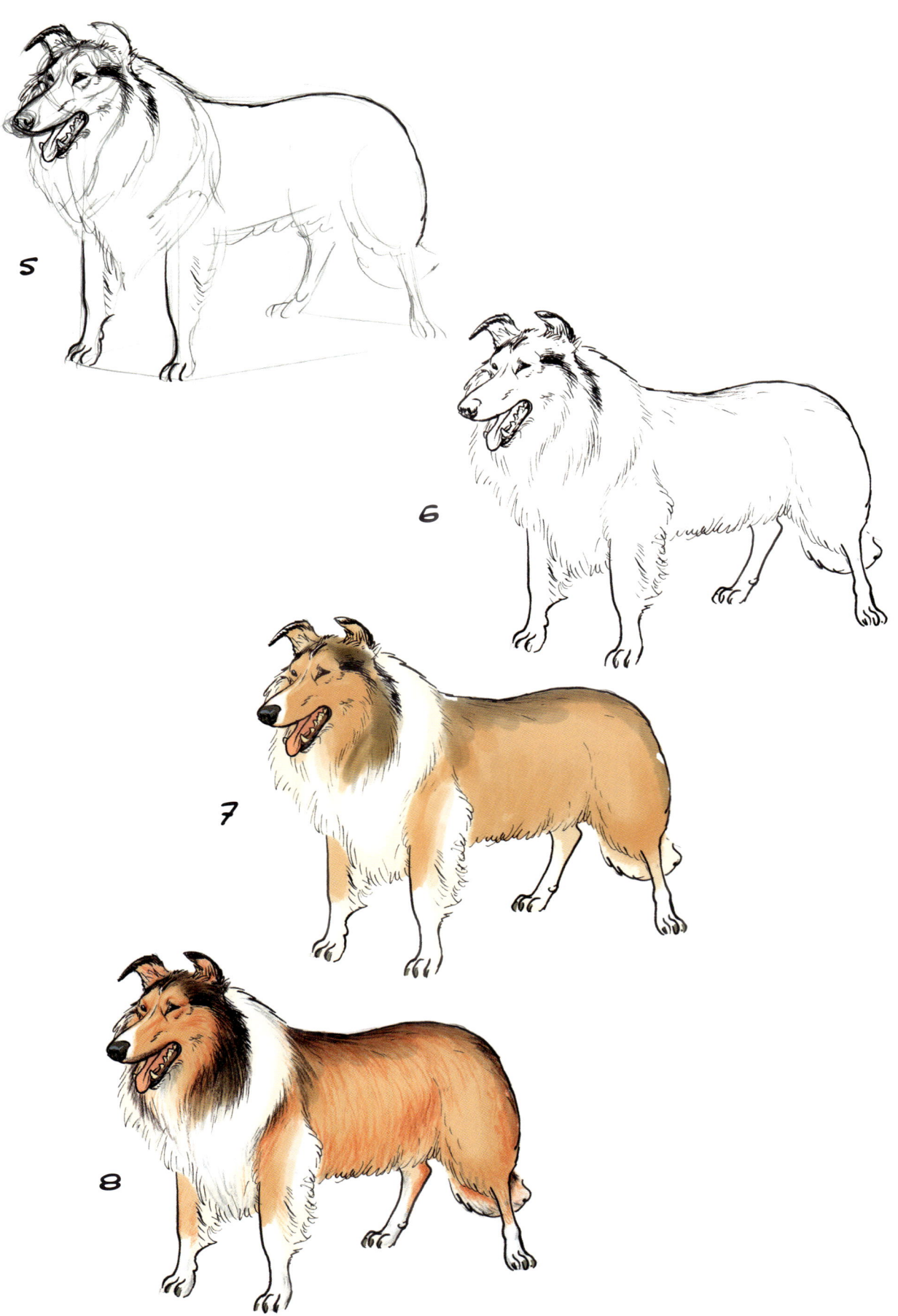

5

6

7

8

ROTTWEILER

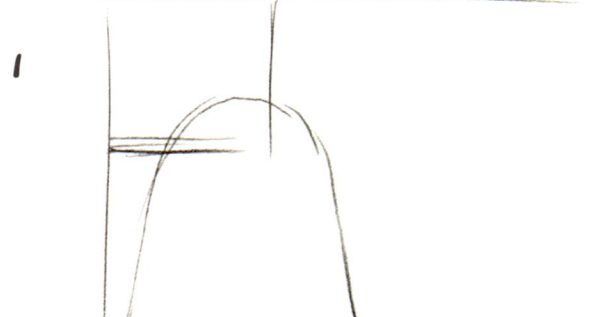

1

2

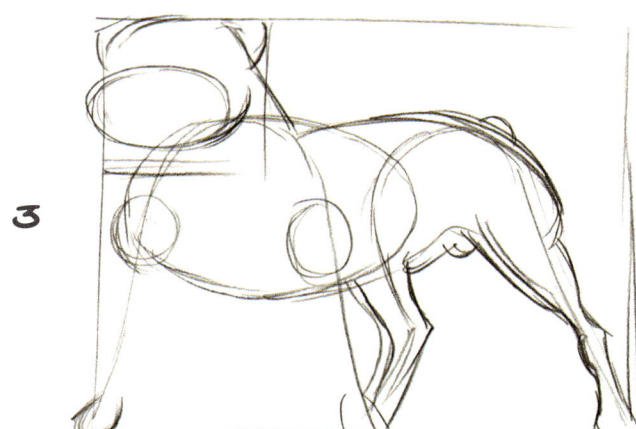

3

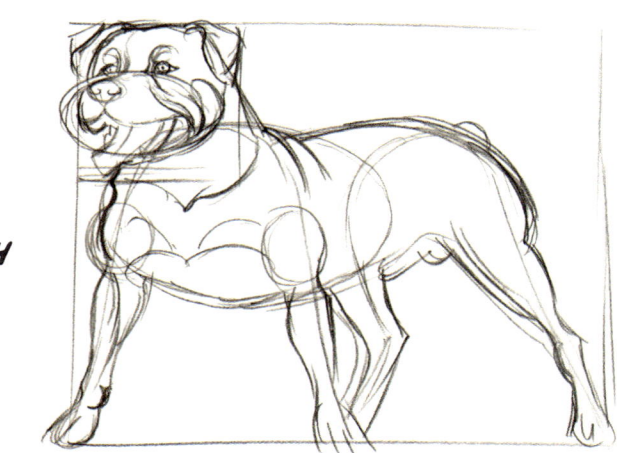

4

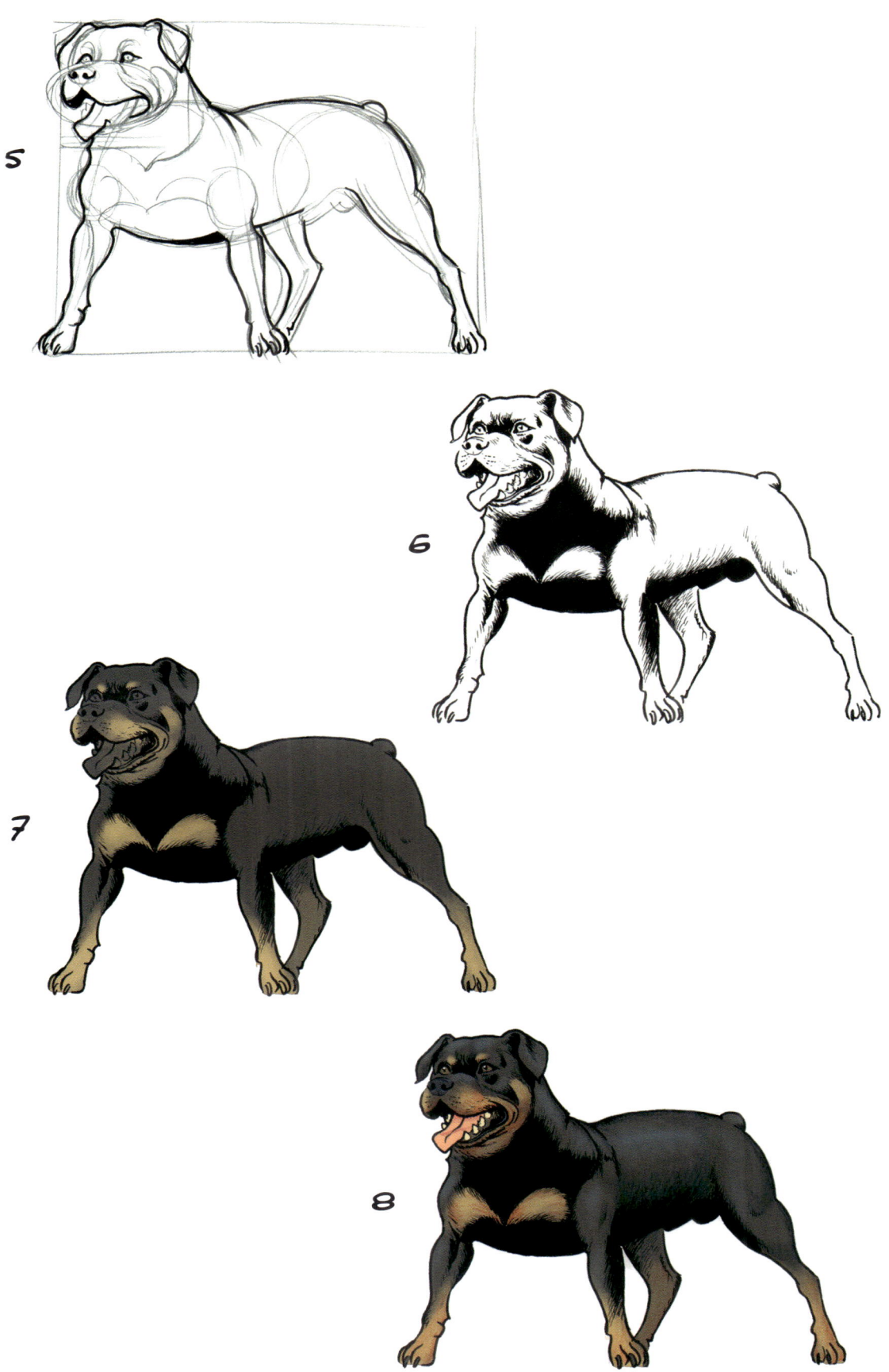

5

6

7

8

TECKEL

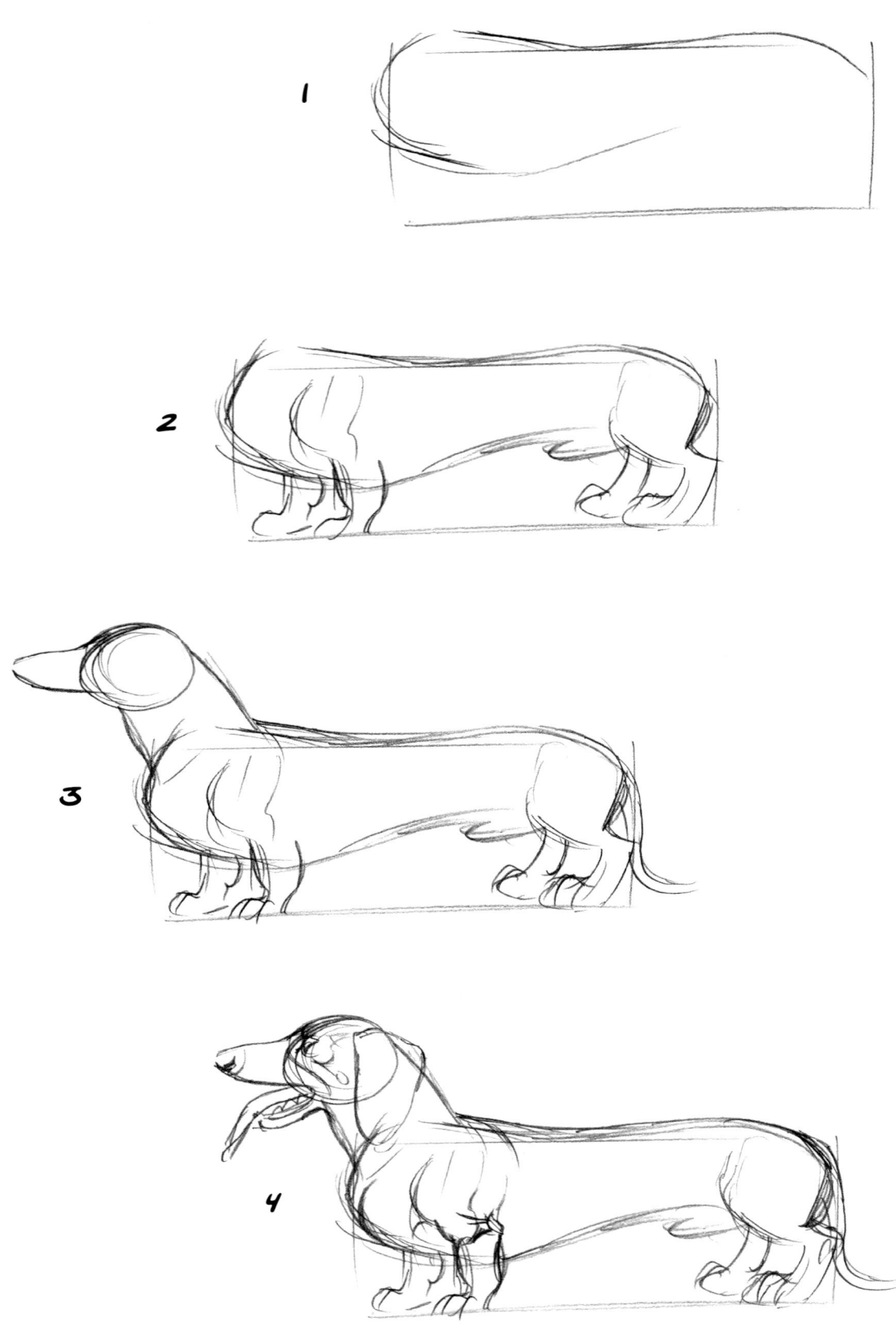

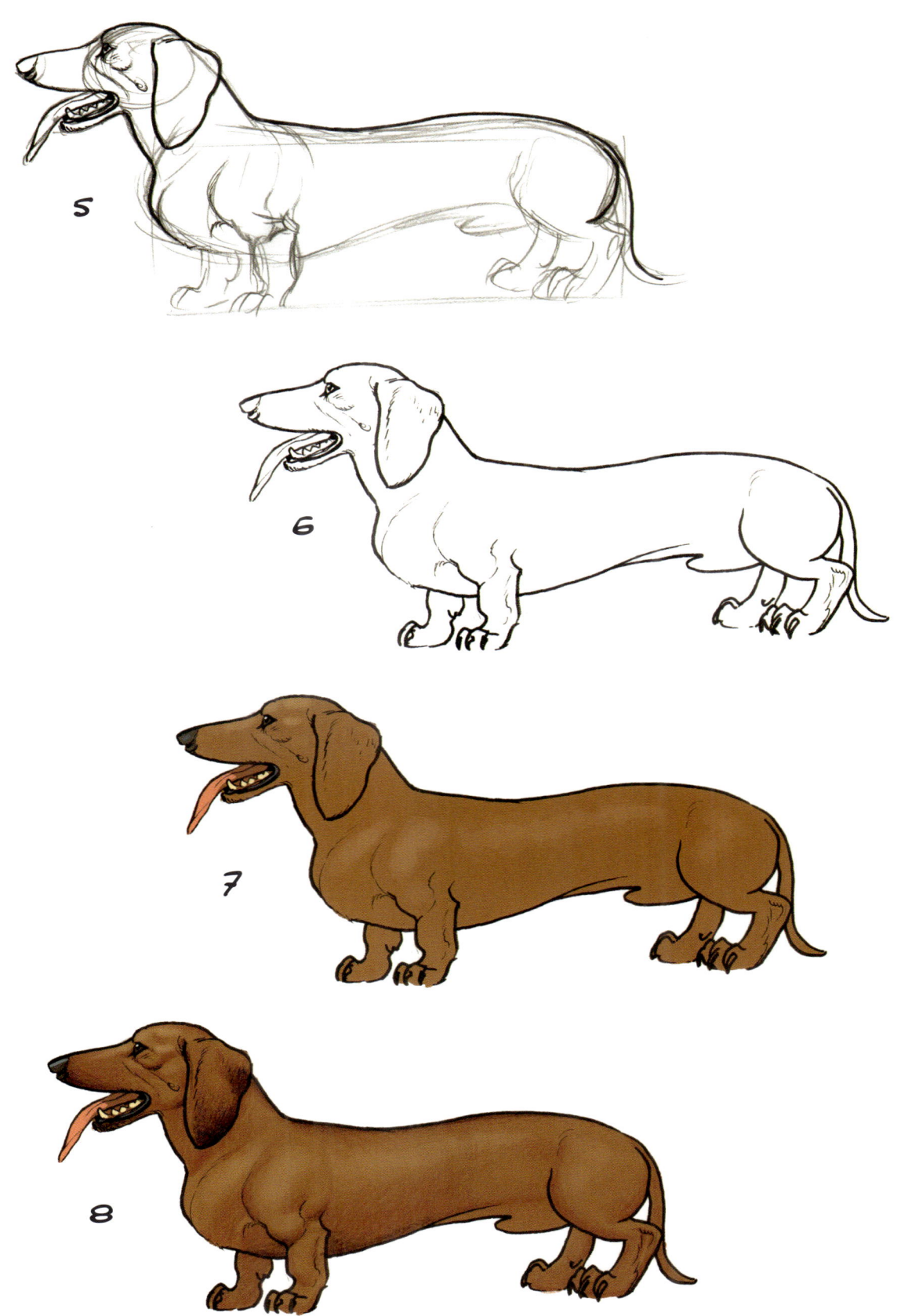

5

6

7

8

SAN BERNARDO

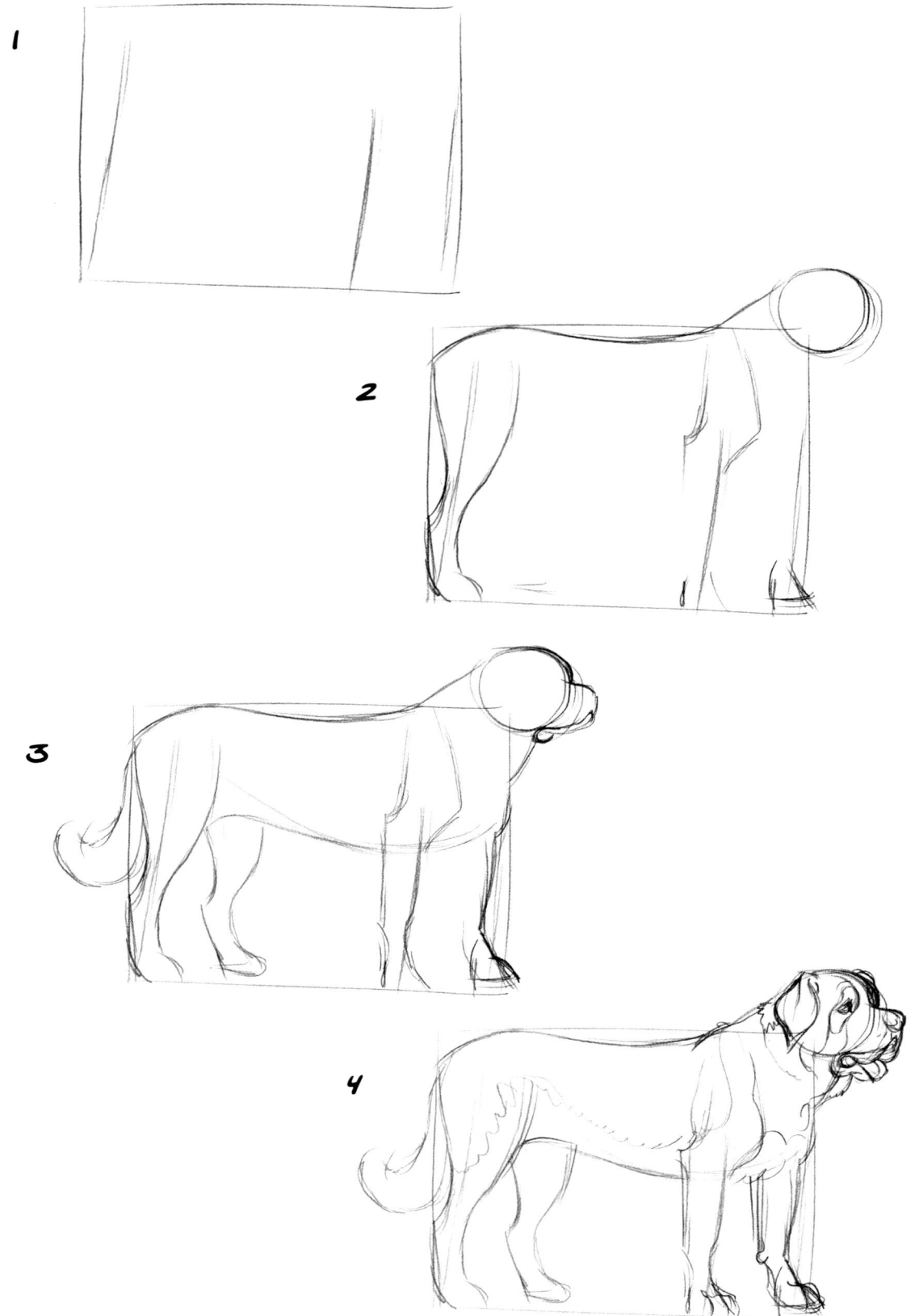

1

2

3

4

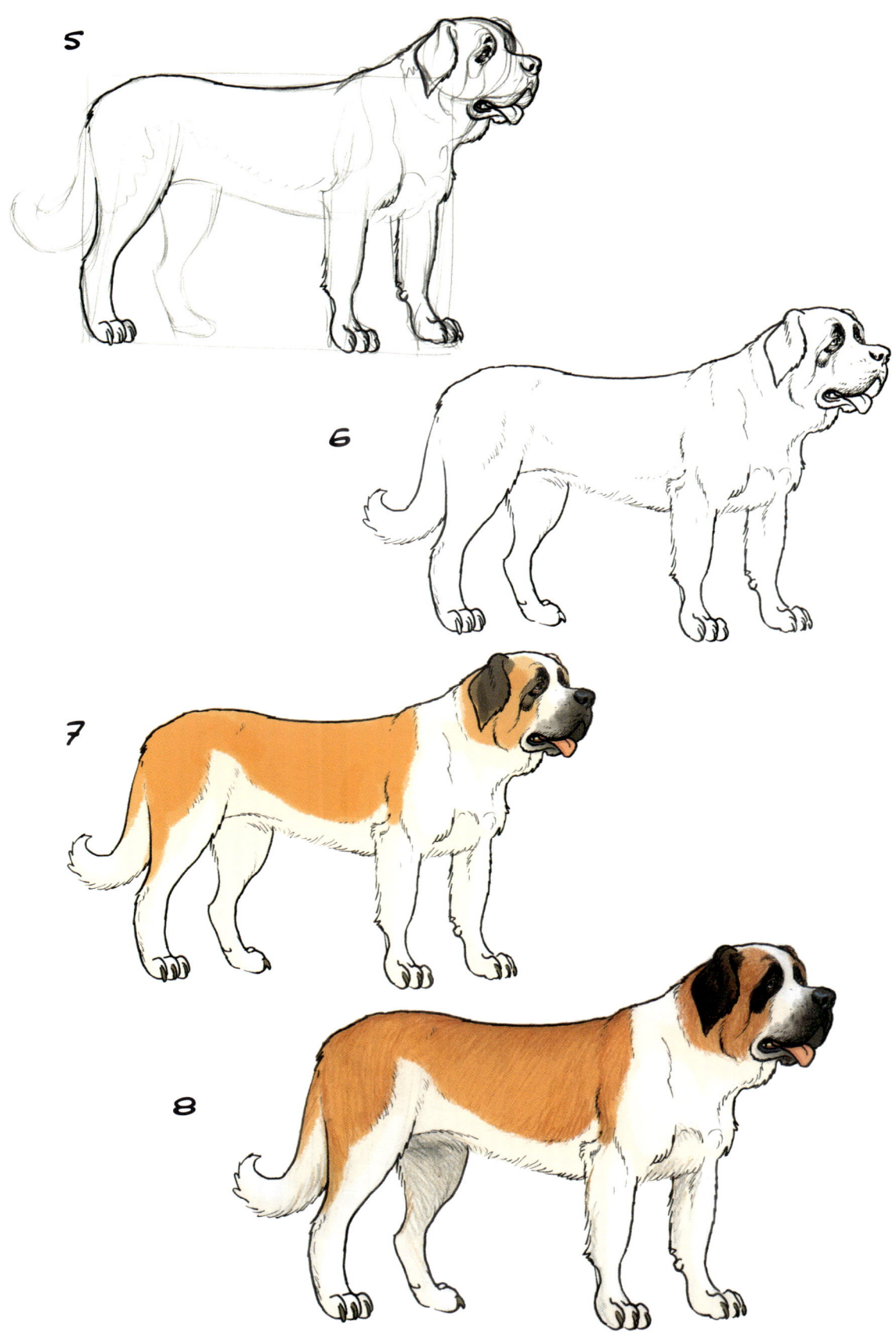

5

6

7

8

CHIHUAHUA

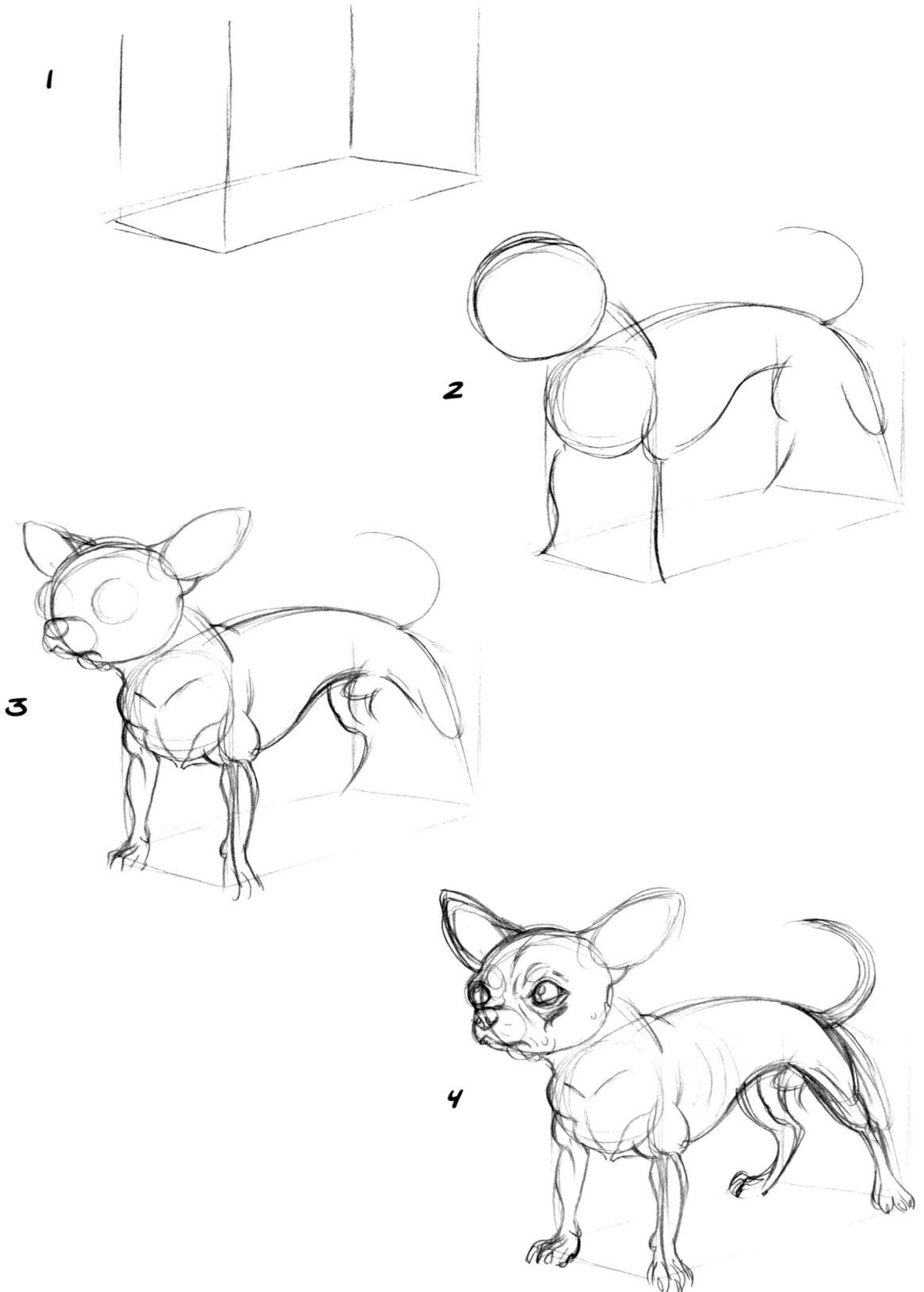

1

2

3

4

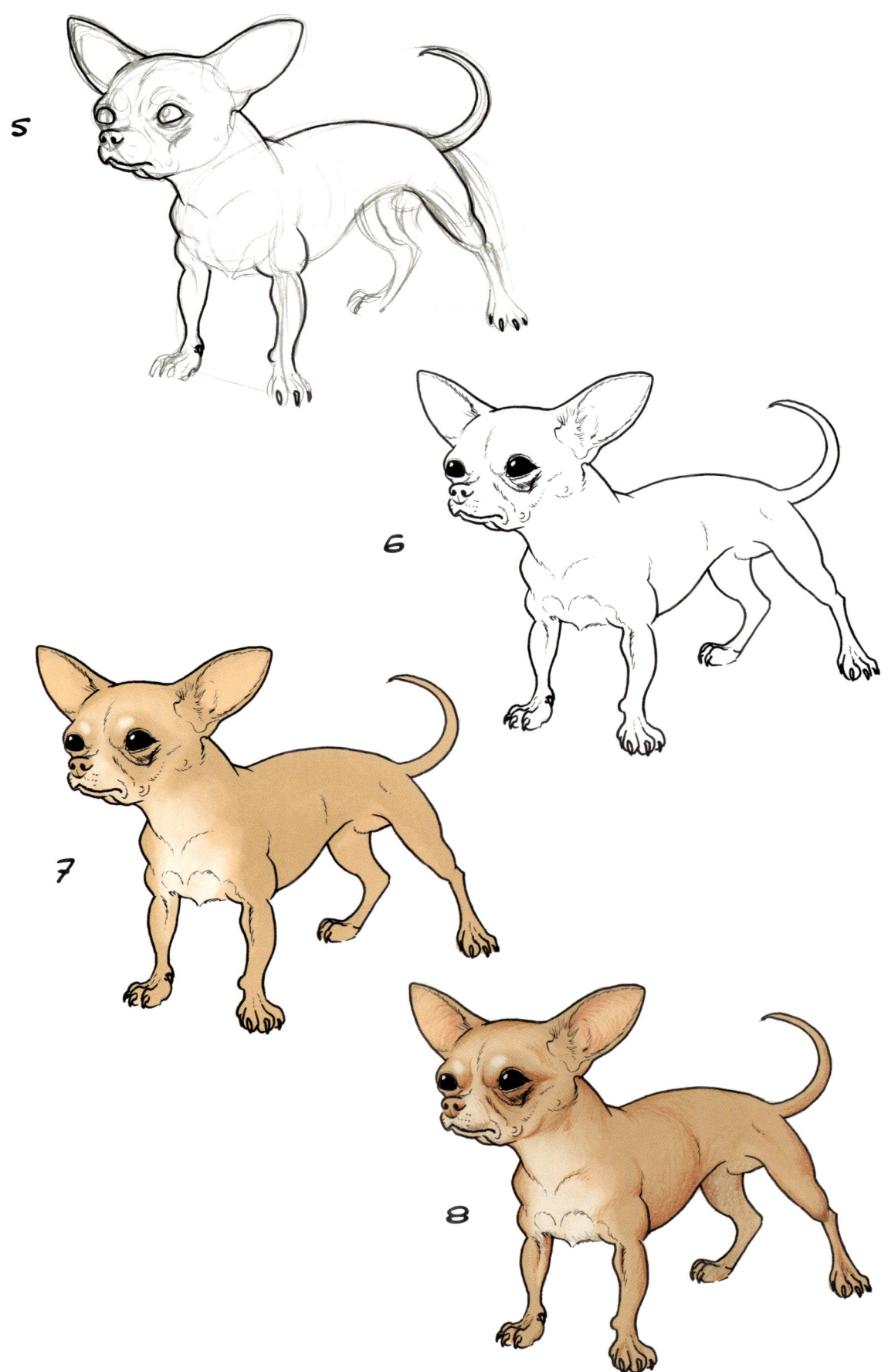

5

6

7

8

PASTOR ALEMÁN

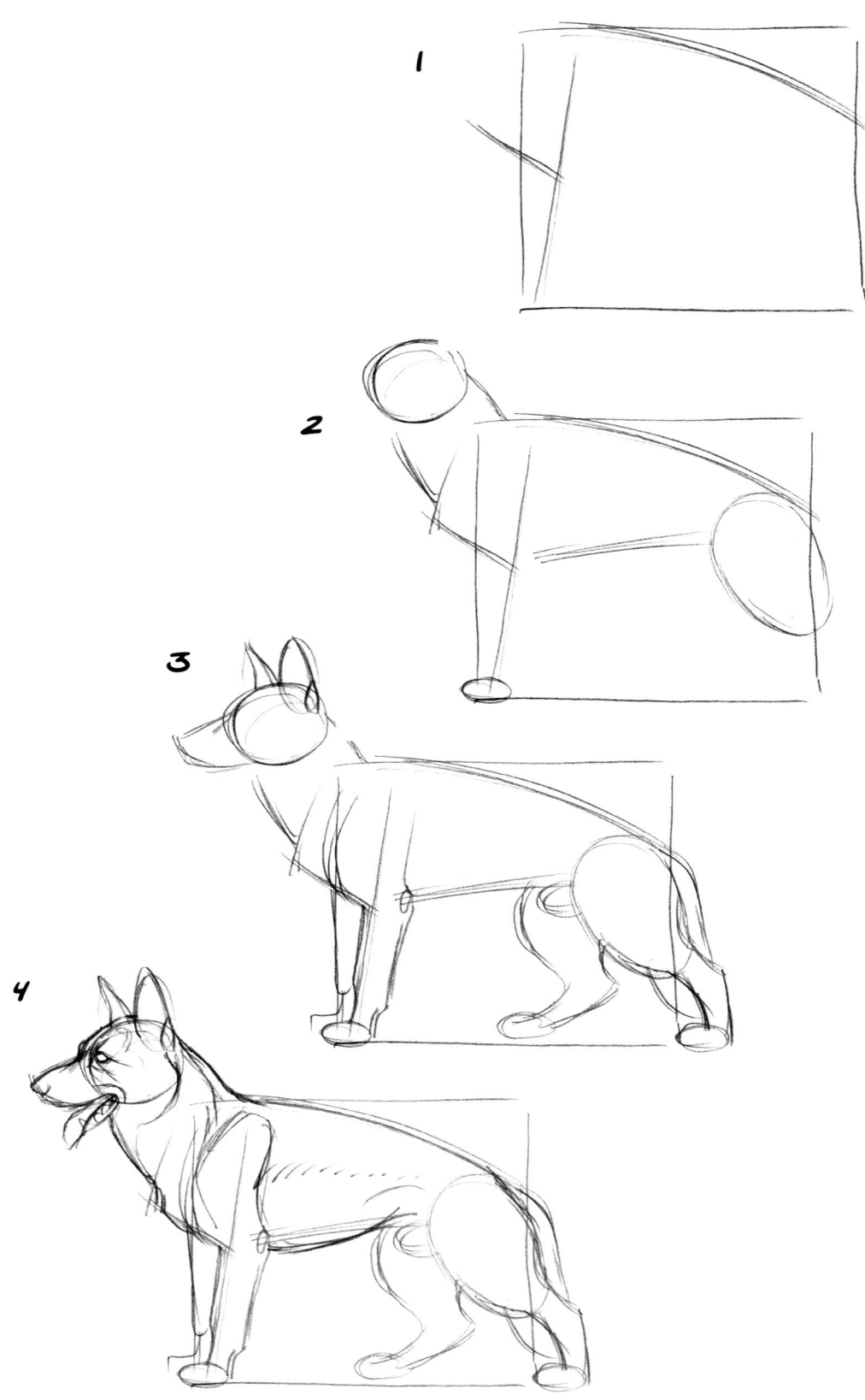

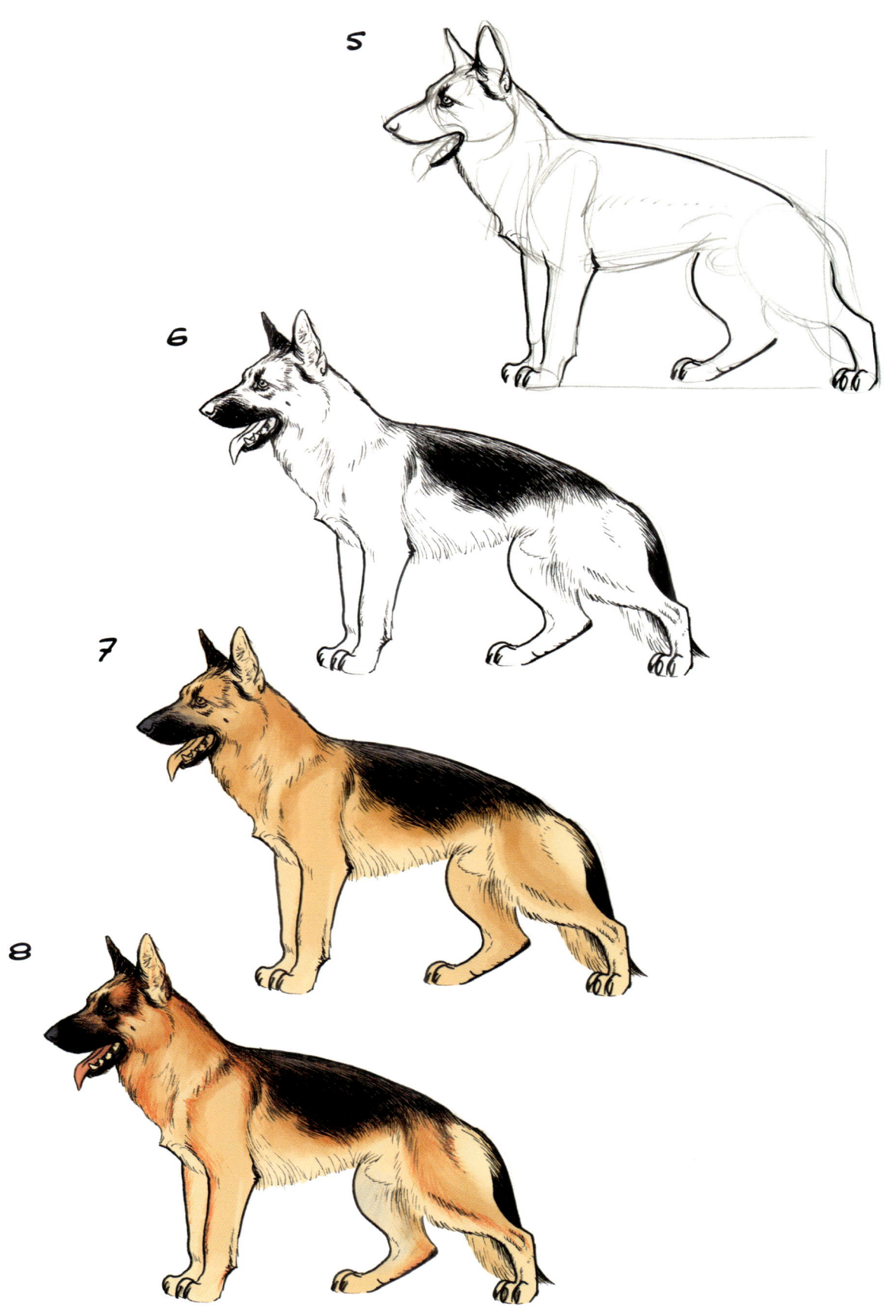

5

6

7

8

SHAR-PEI

1

2

3

4

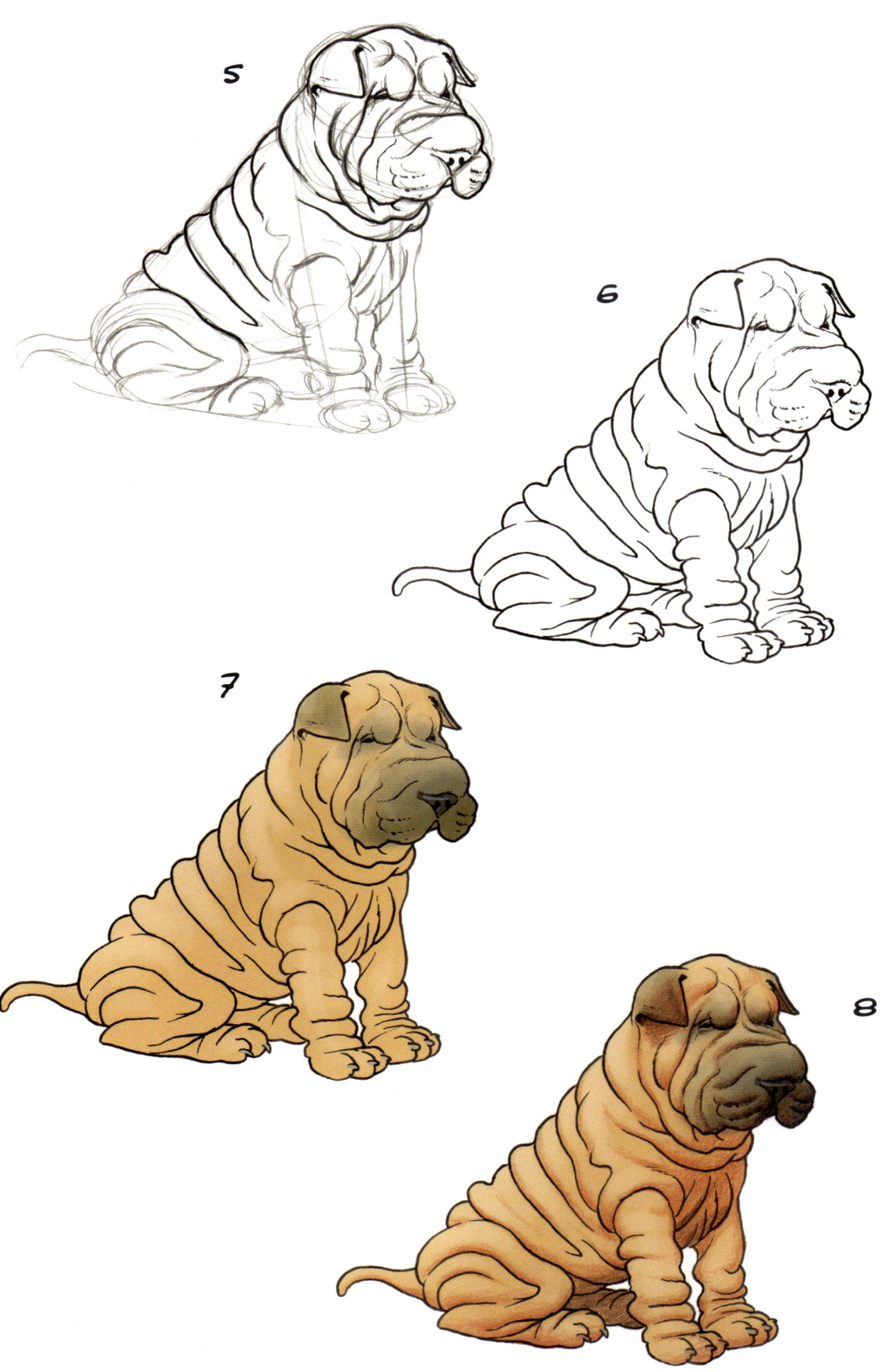

BLOODHOUND

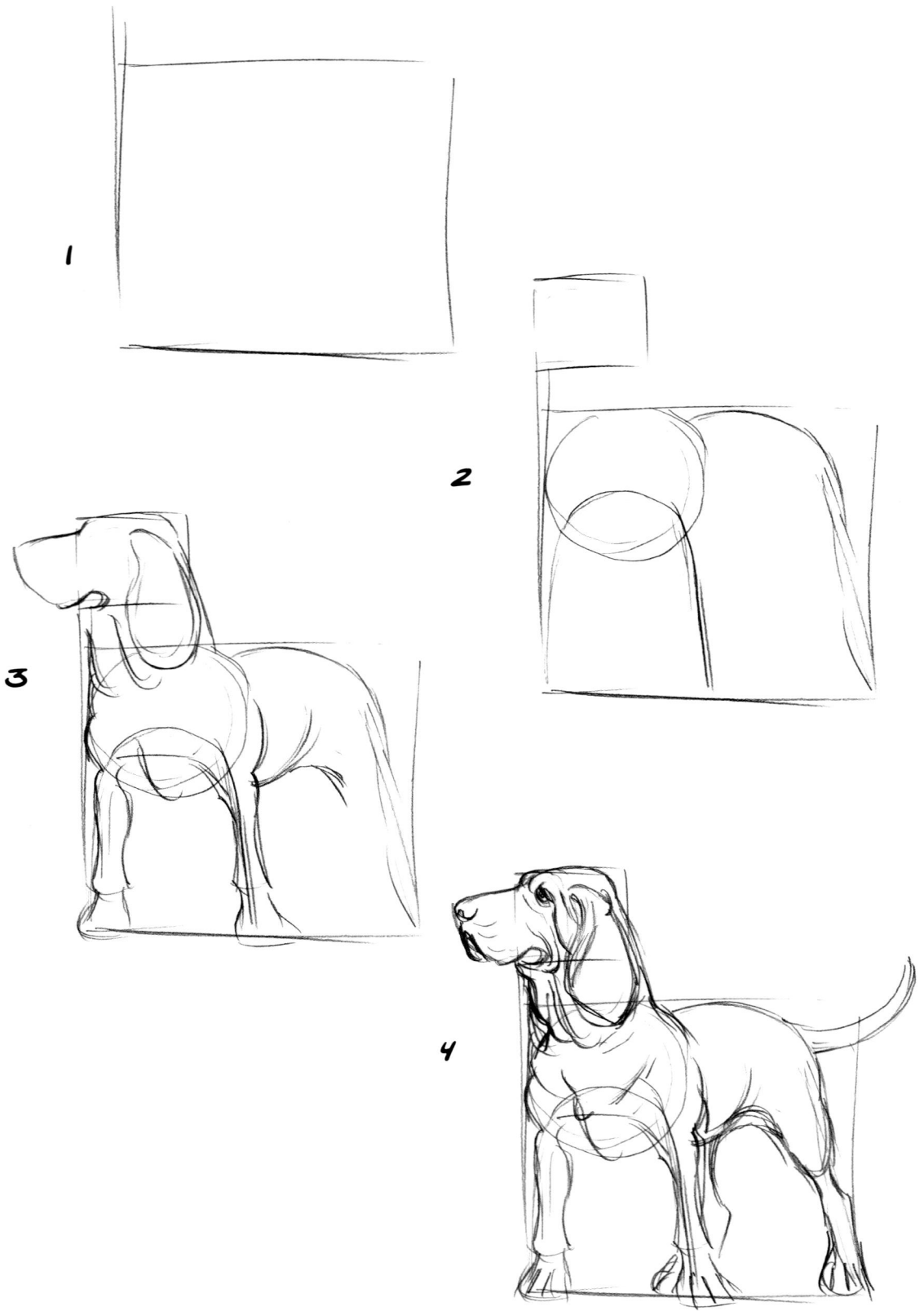

1

2

3

4

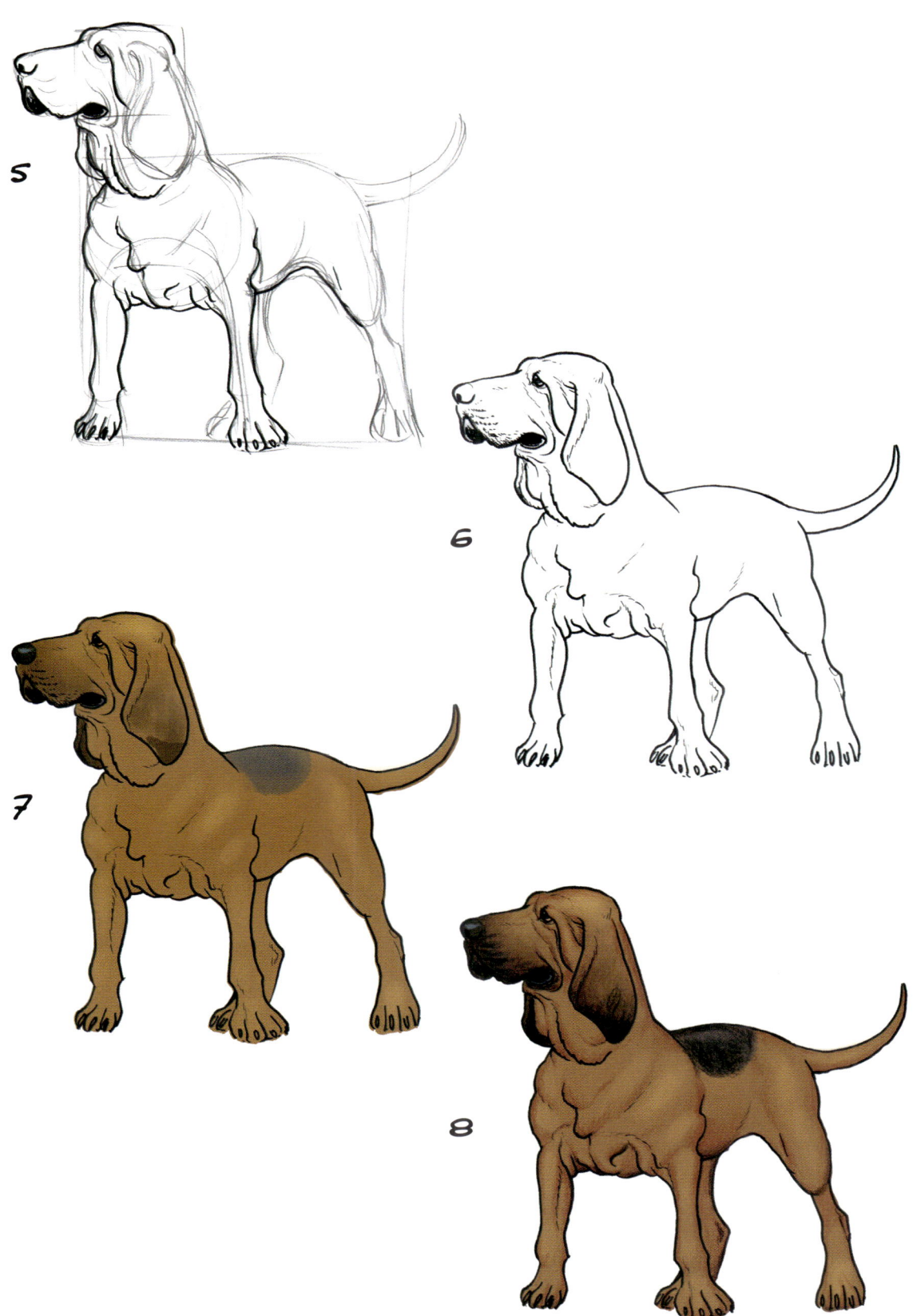

5

6

7

8

PEQUINÉS

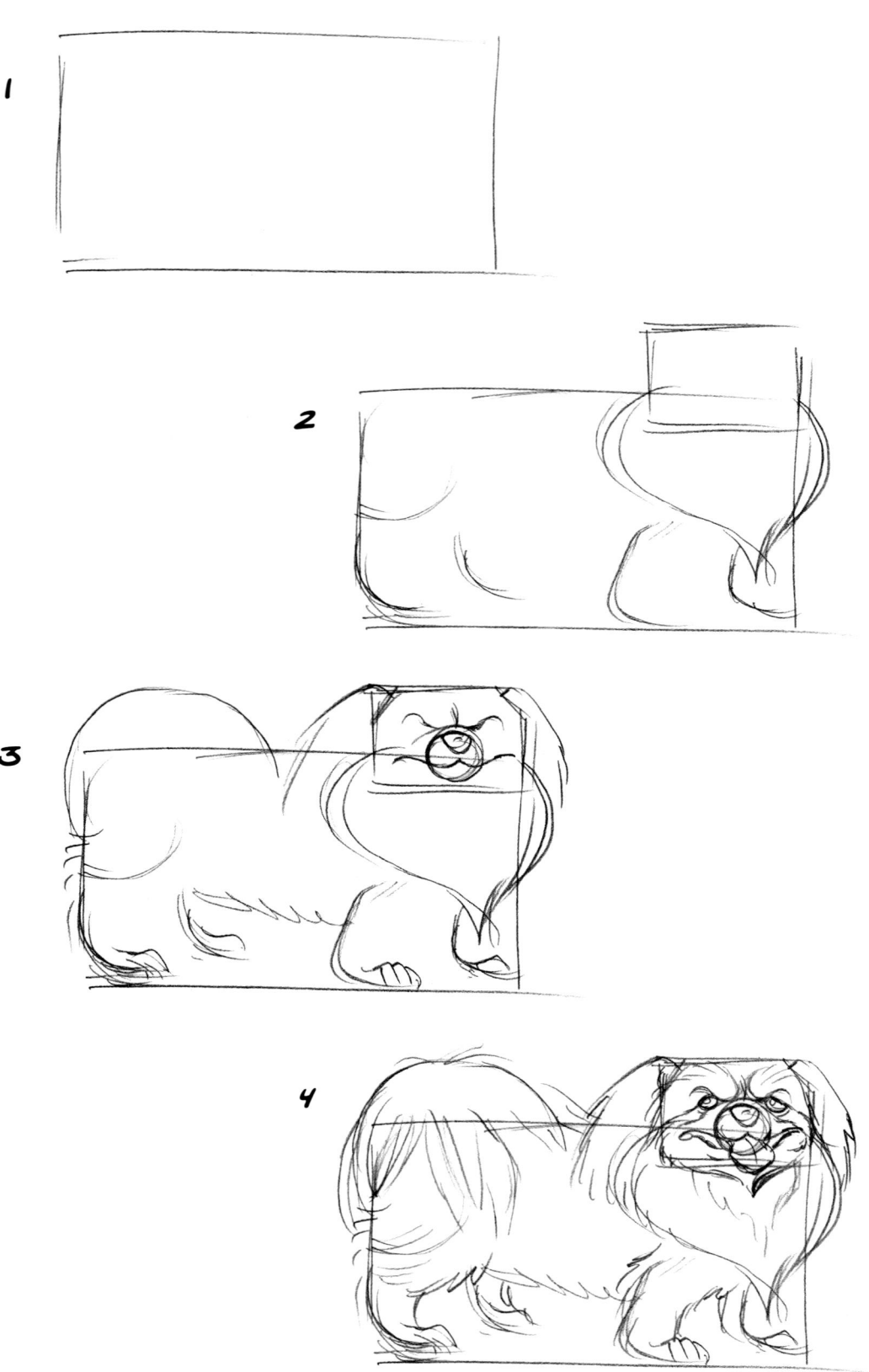

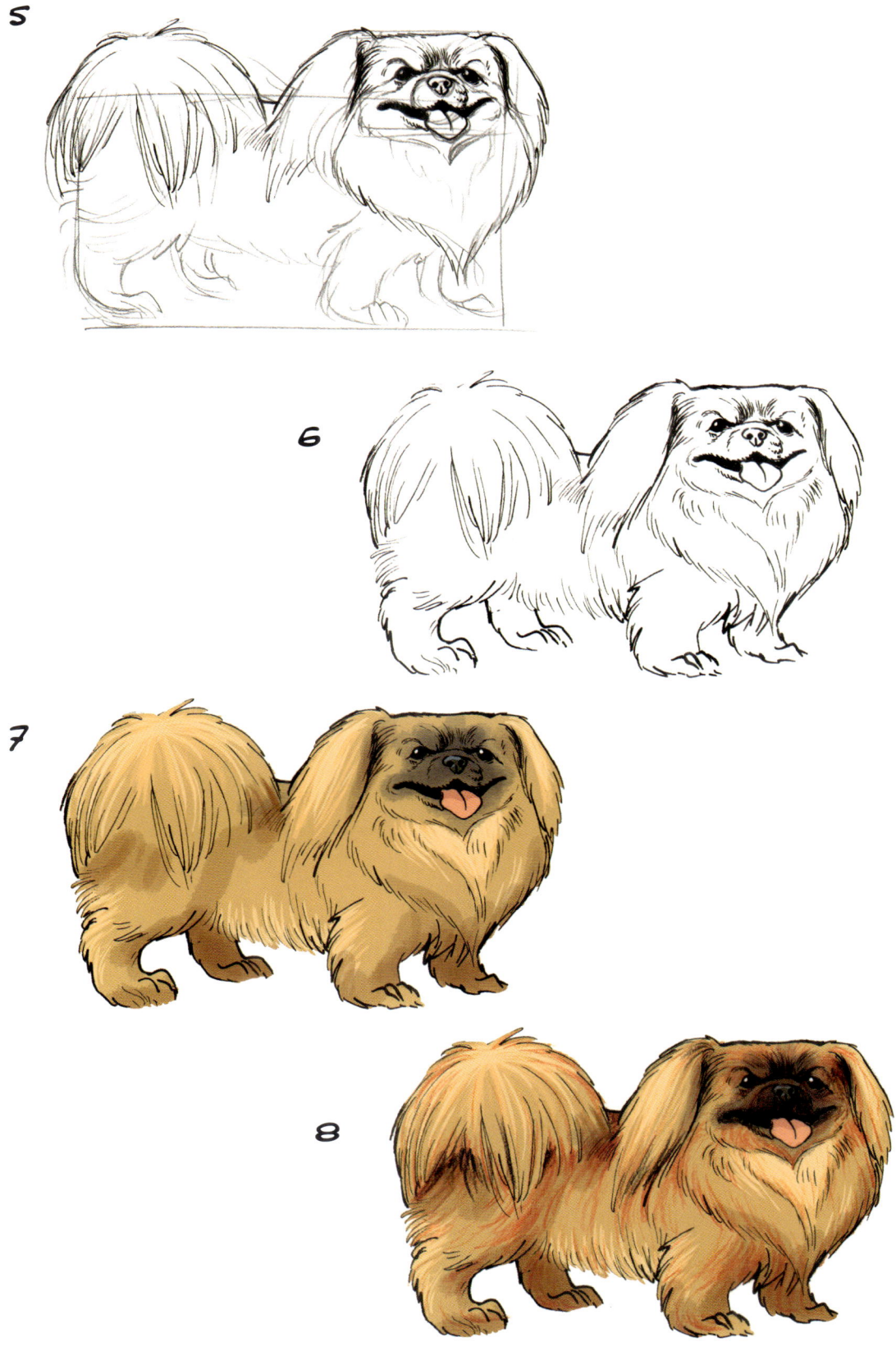

5

6

7

8

GALGO AFGANO

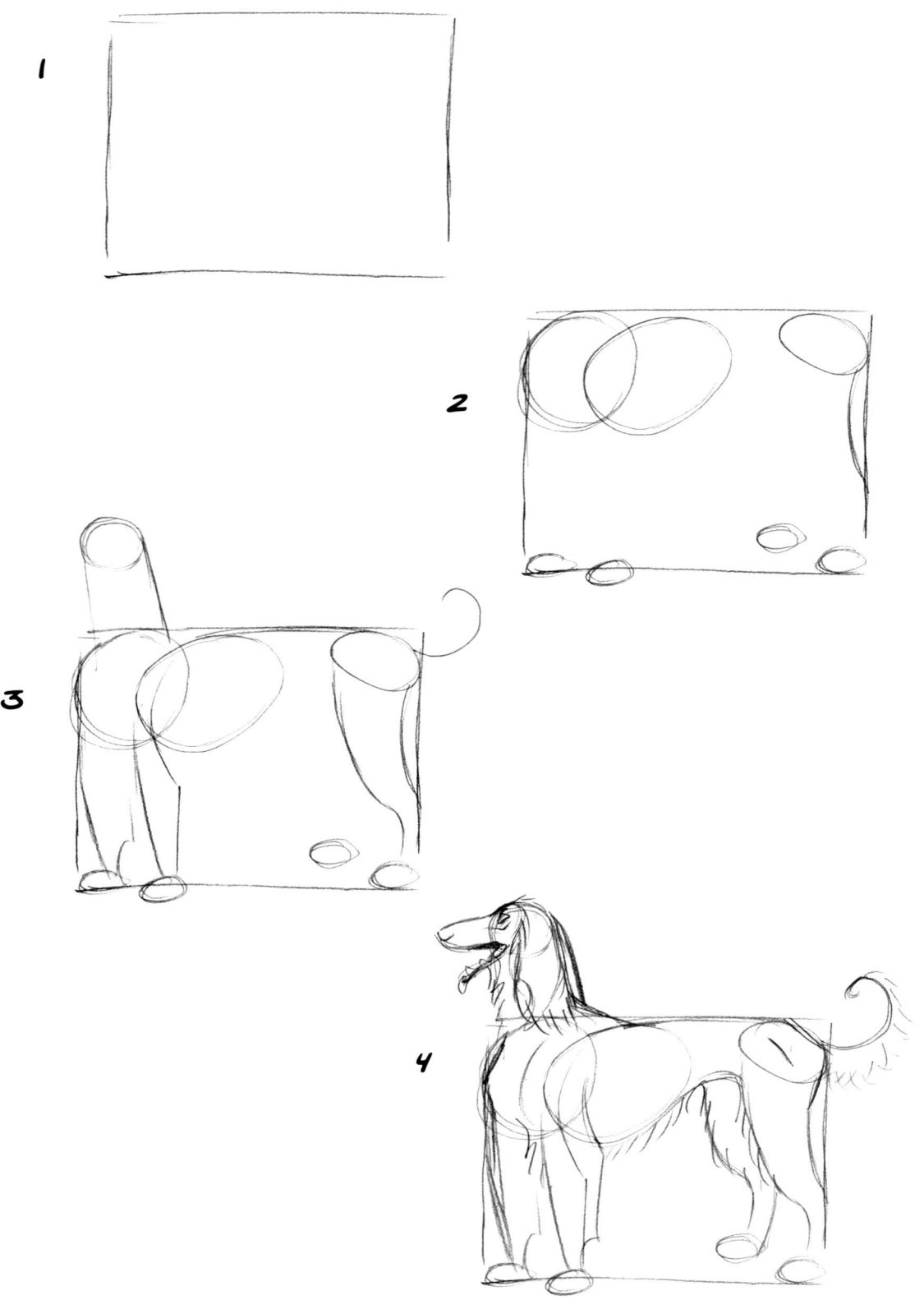

1

2

3

4

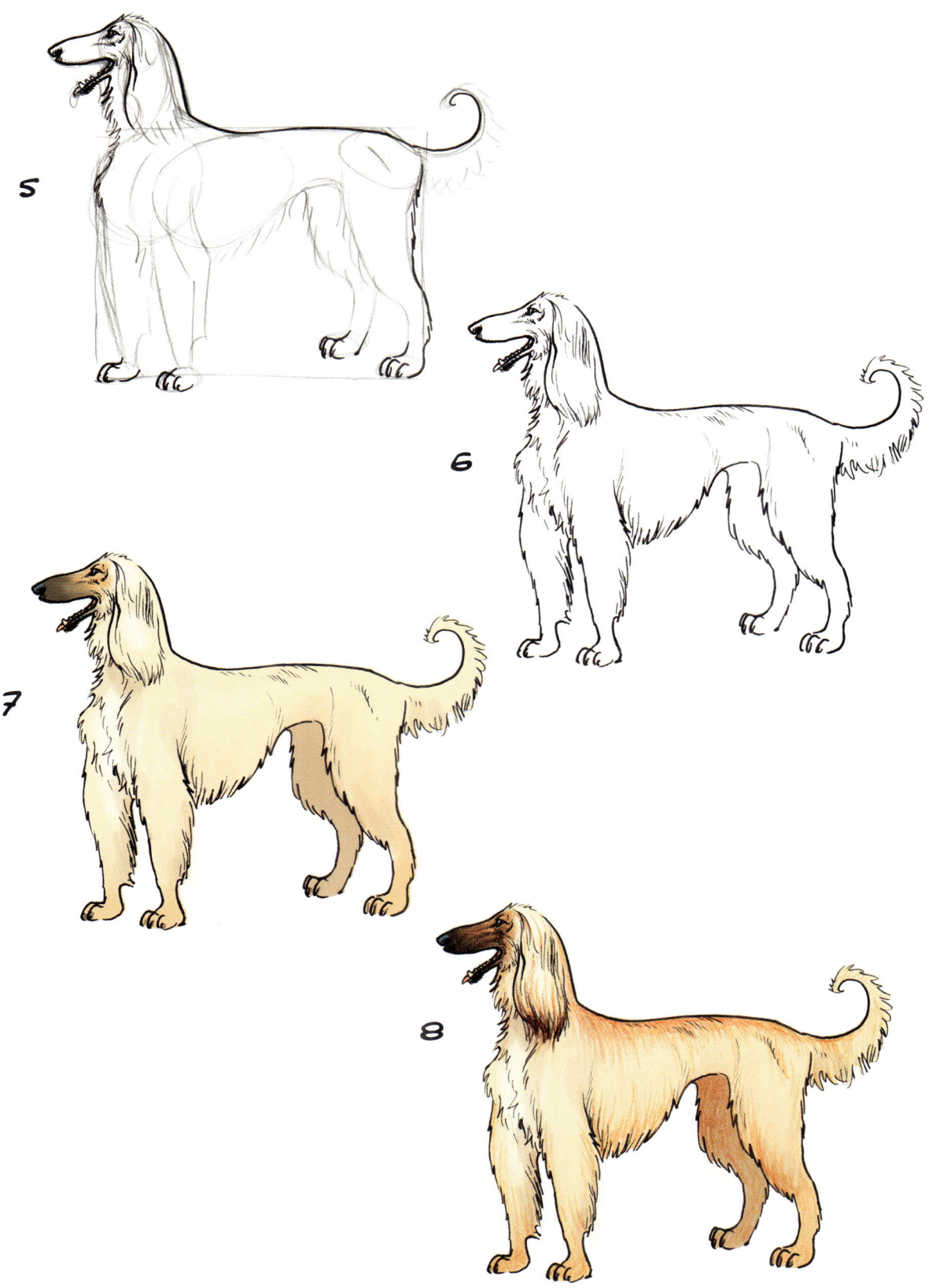

5

6

7

8

COCKER SPANIEL

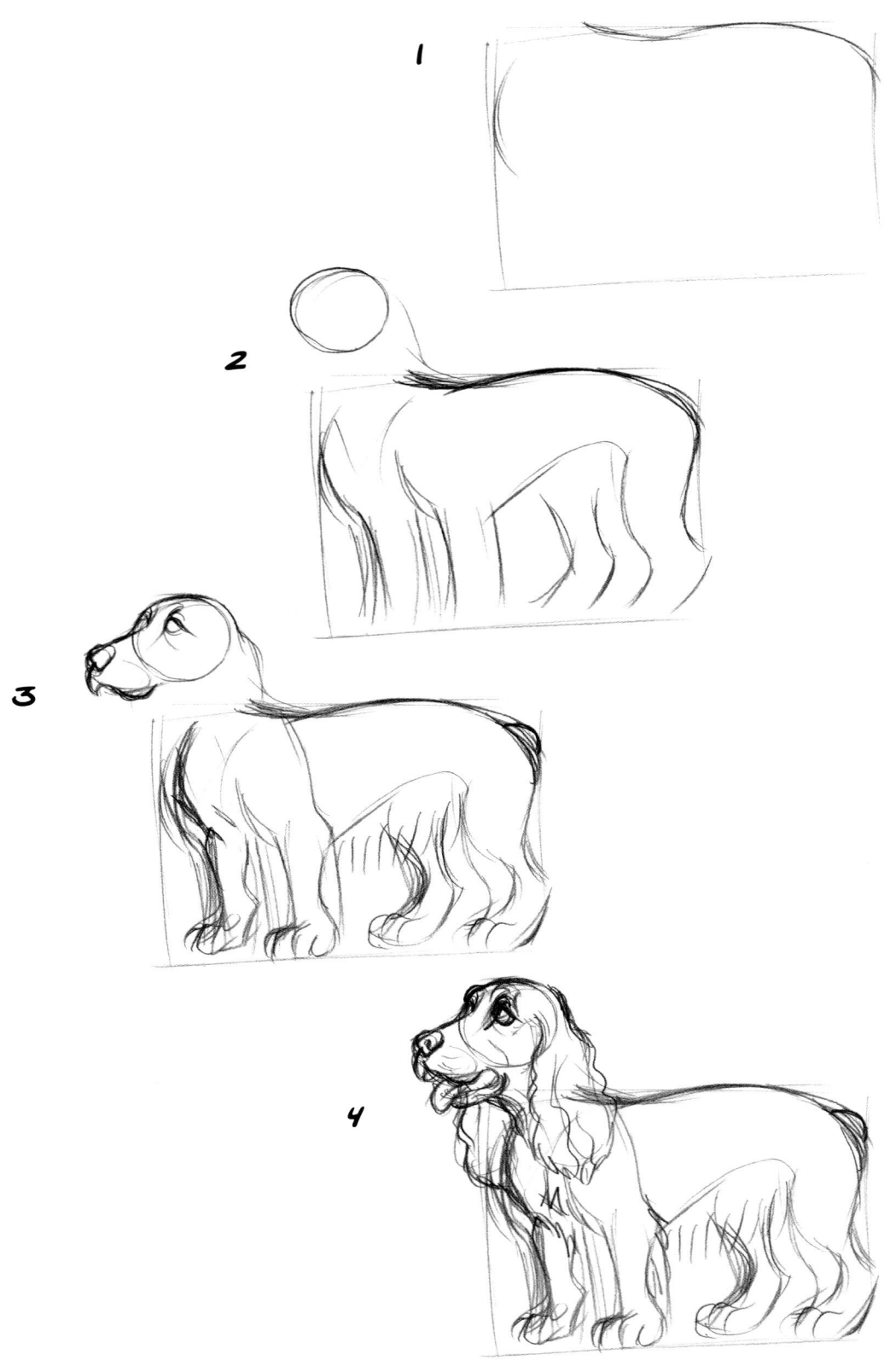

1

2

3

4

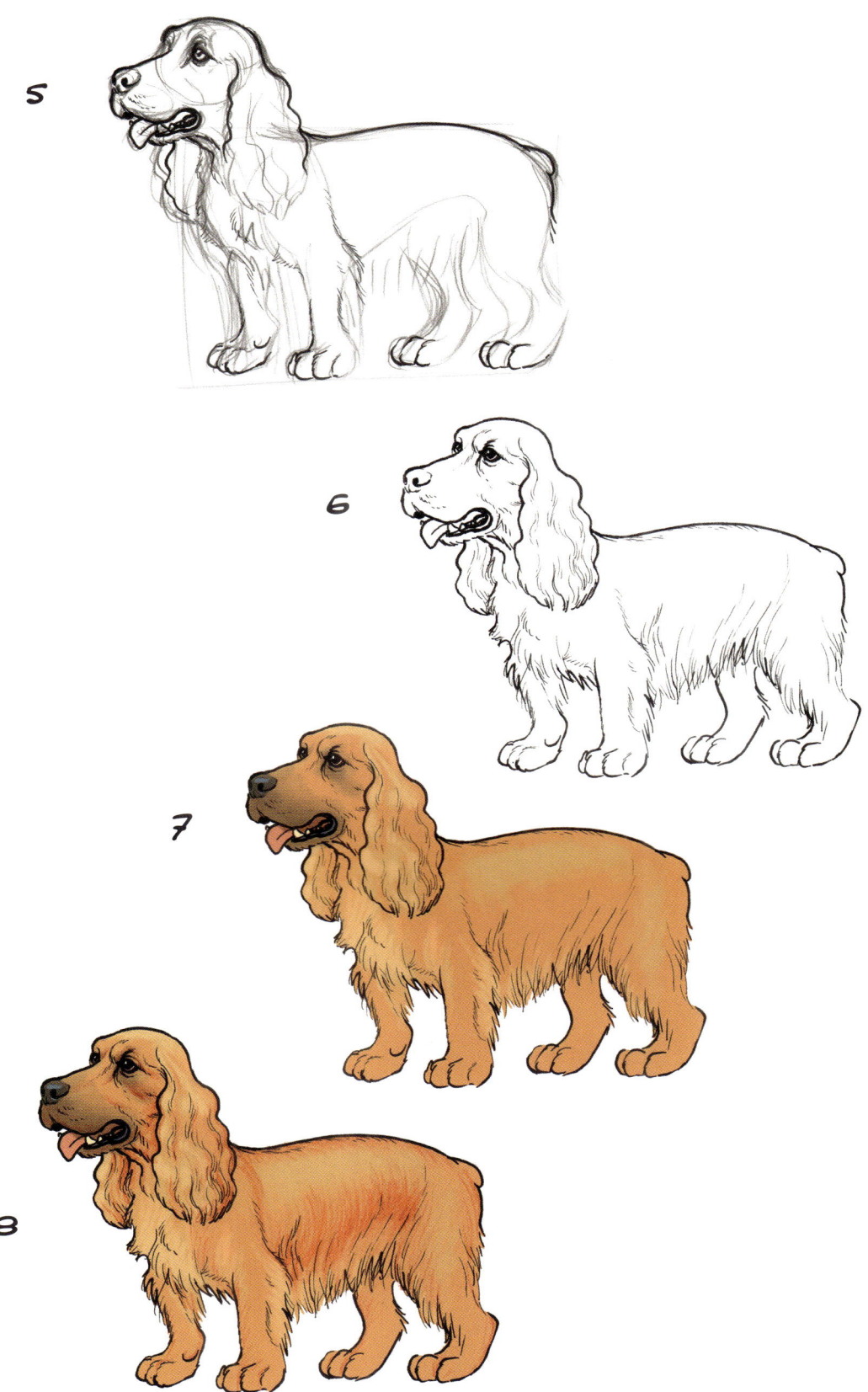

5

6

7

8

HUSKY SIBERIANO

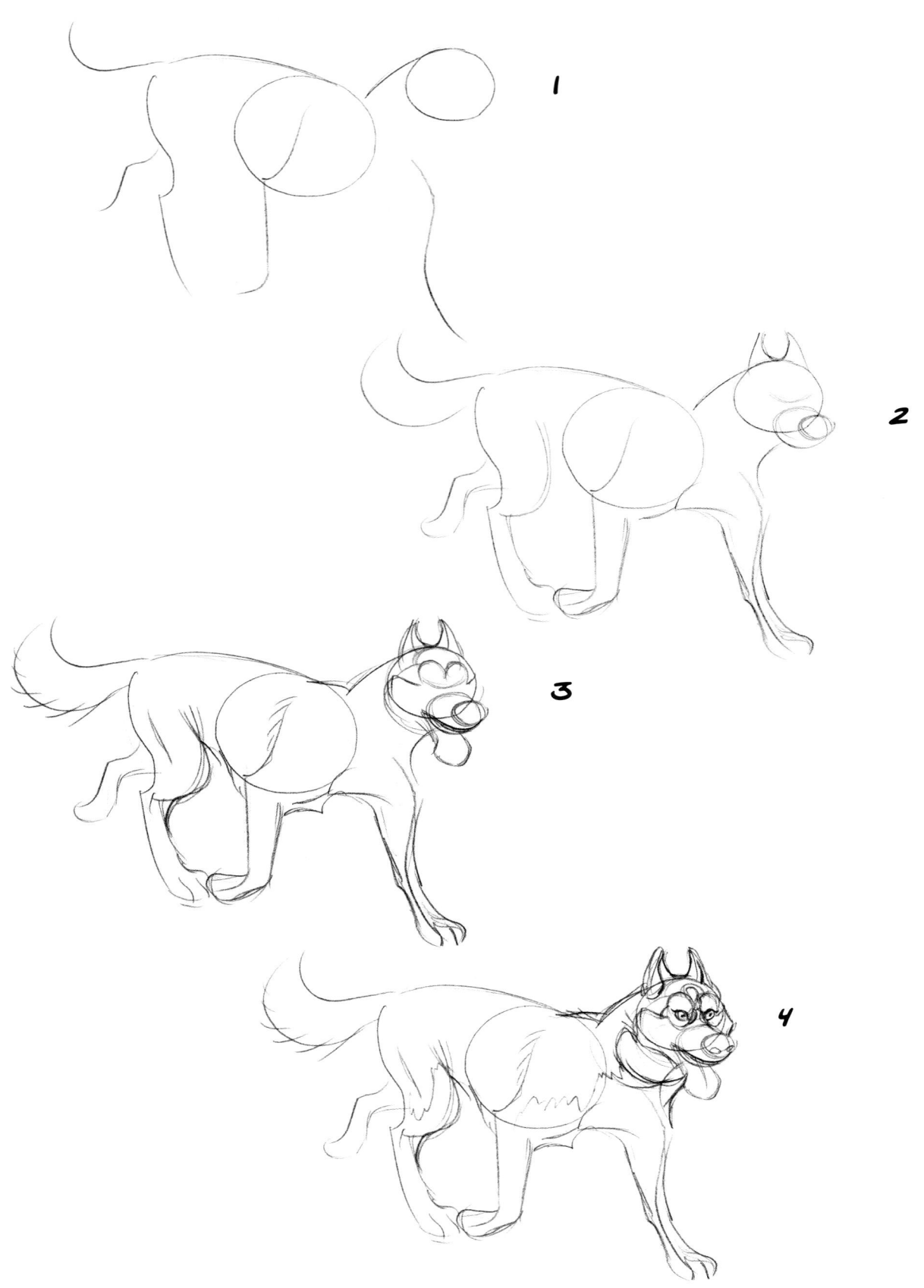

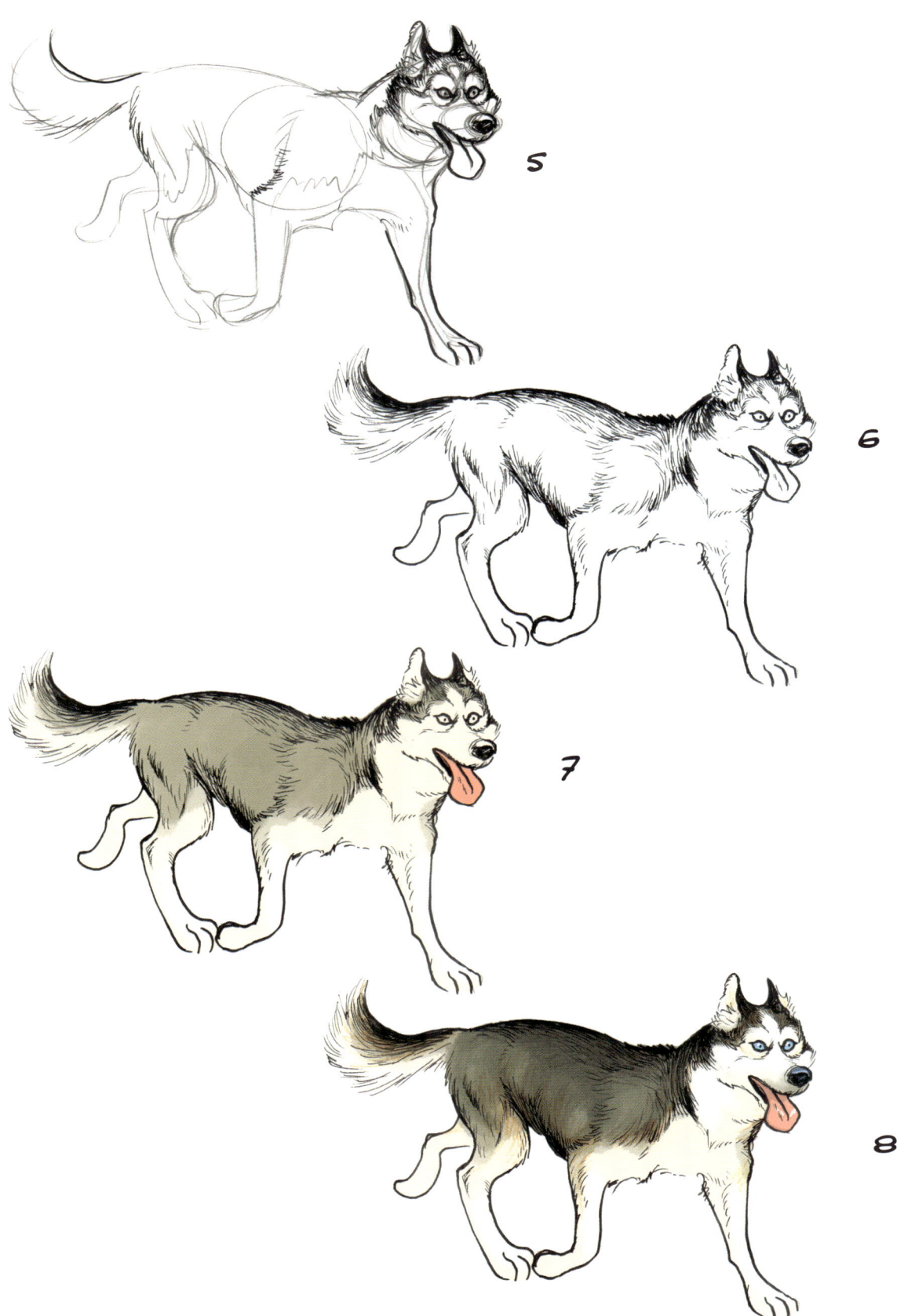

5

6

7

8

BULL TERRIER

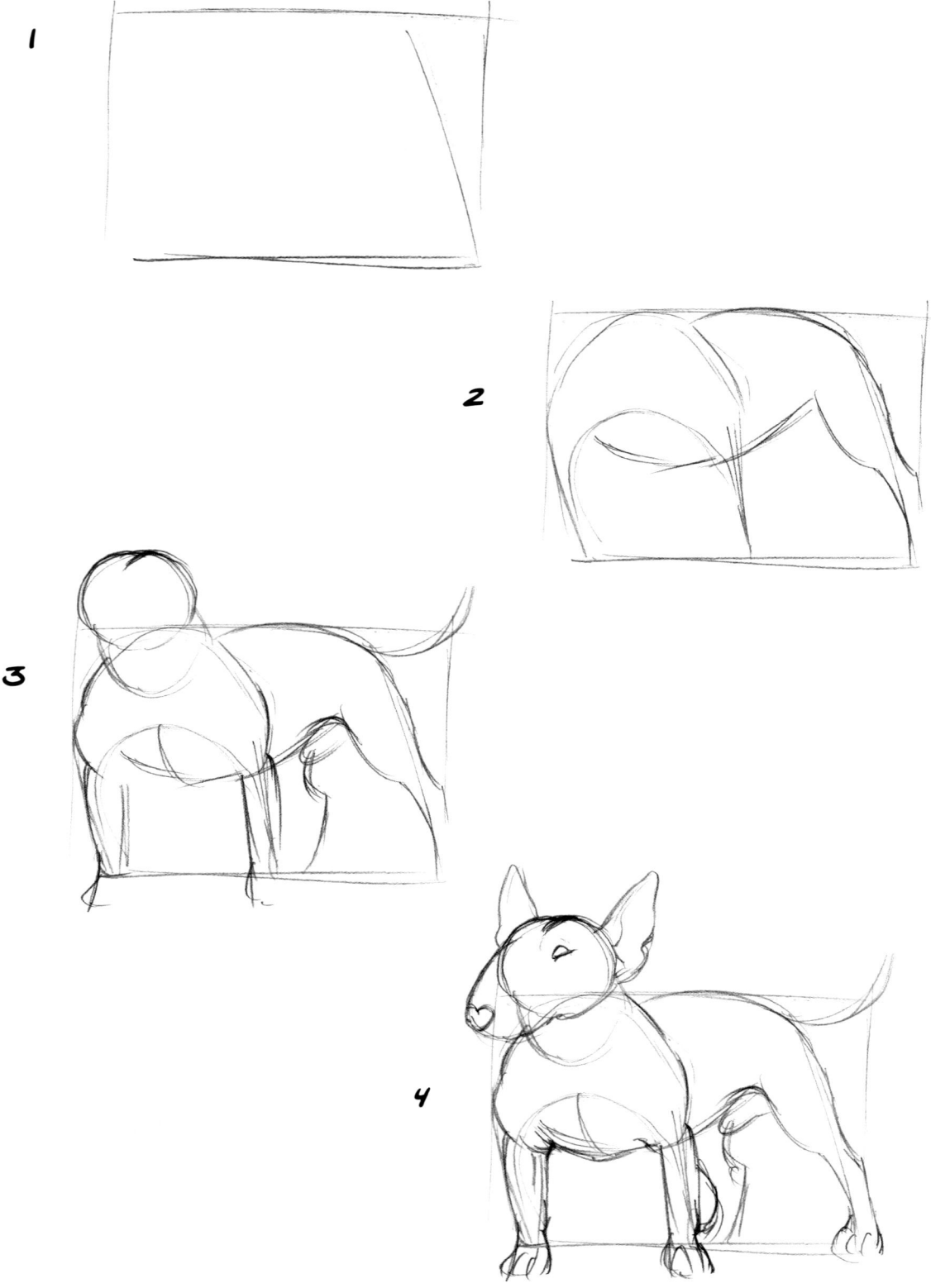

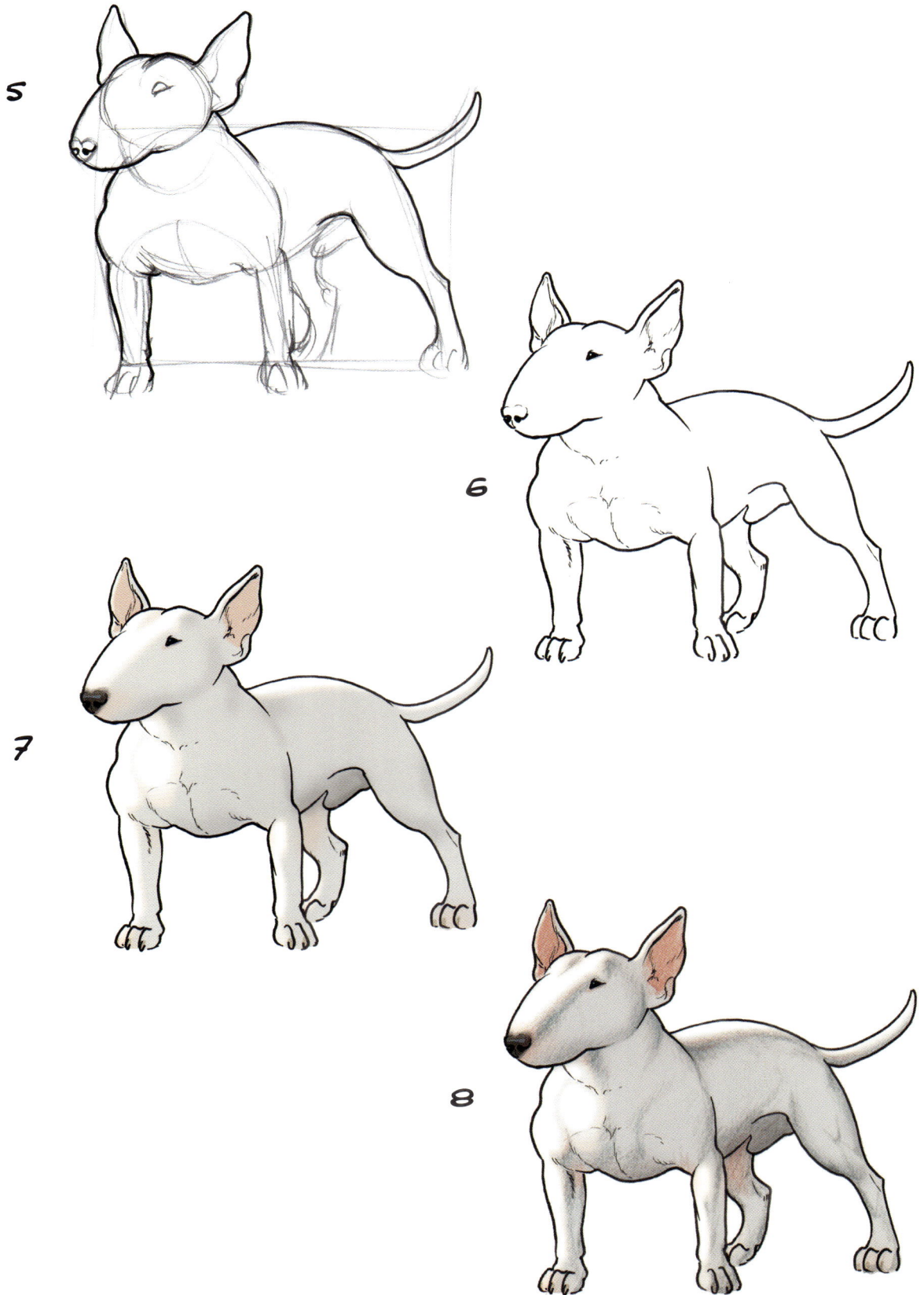

5

6

7

8

DÁLMATA

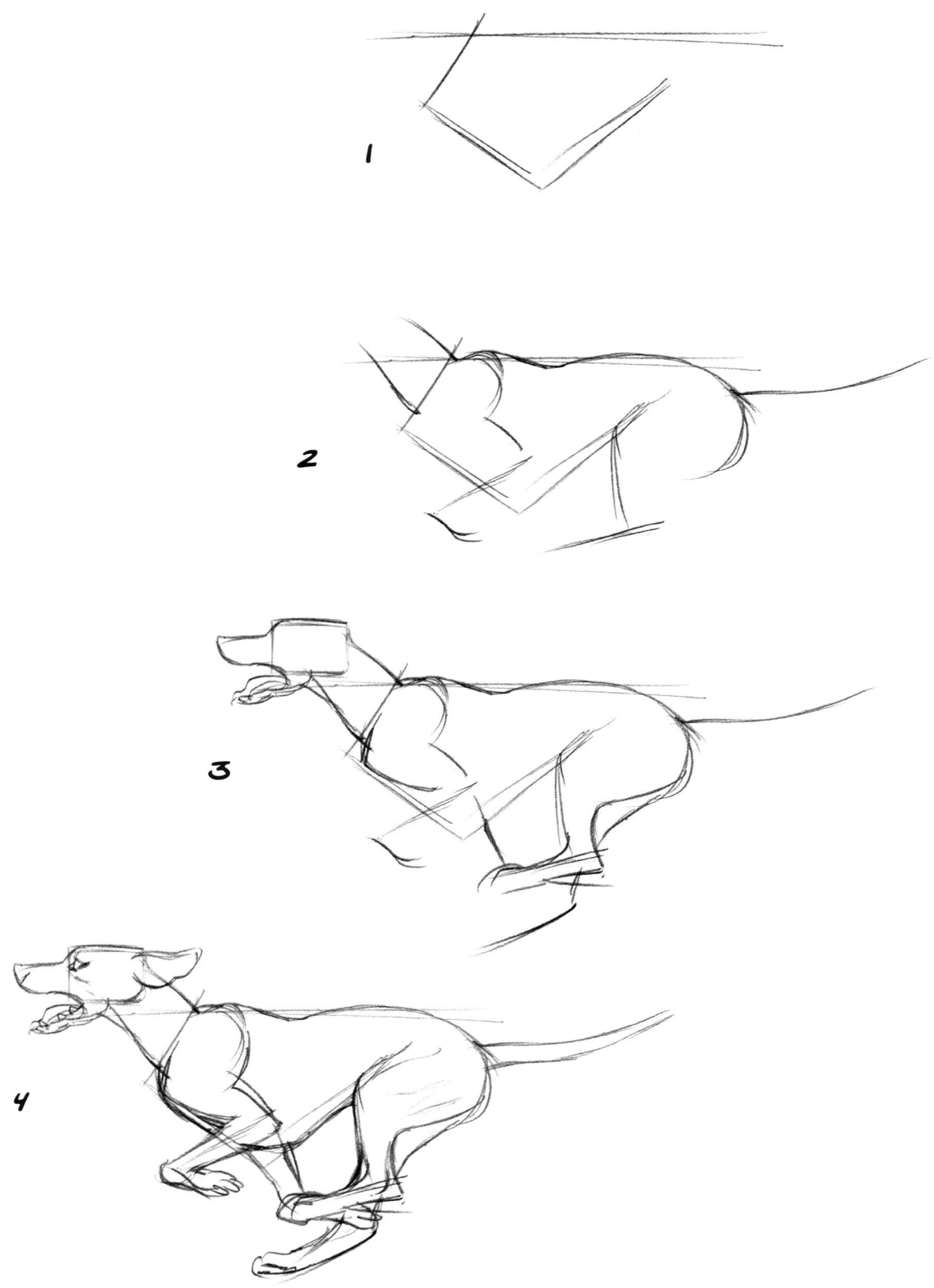

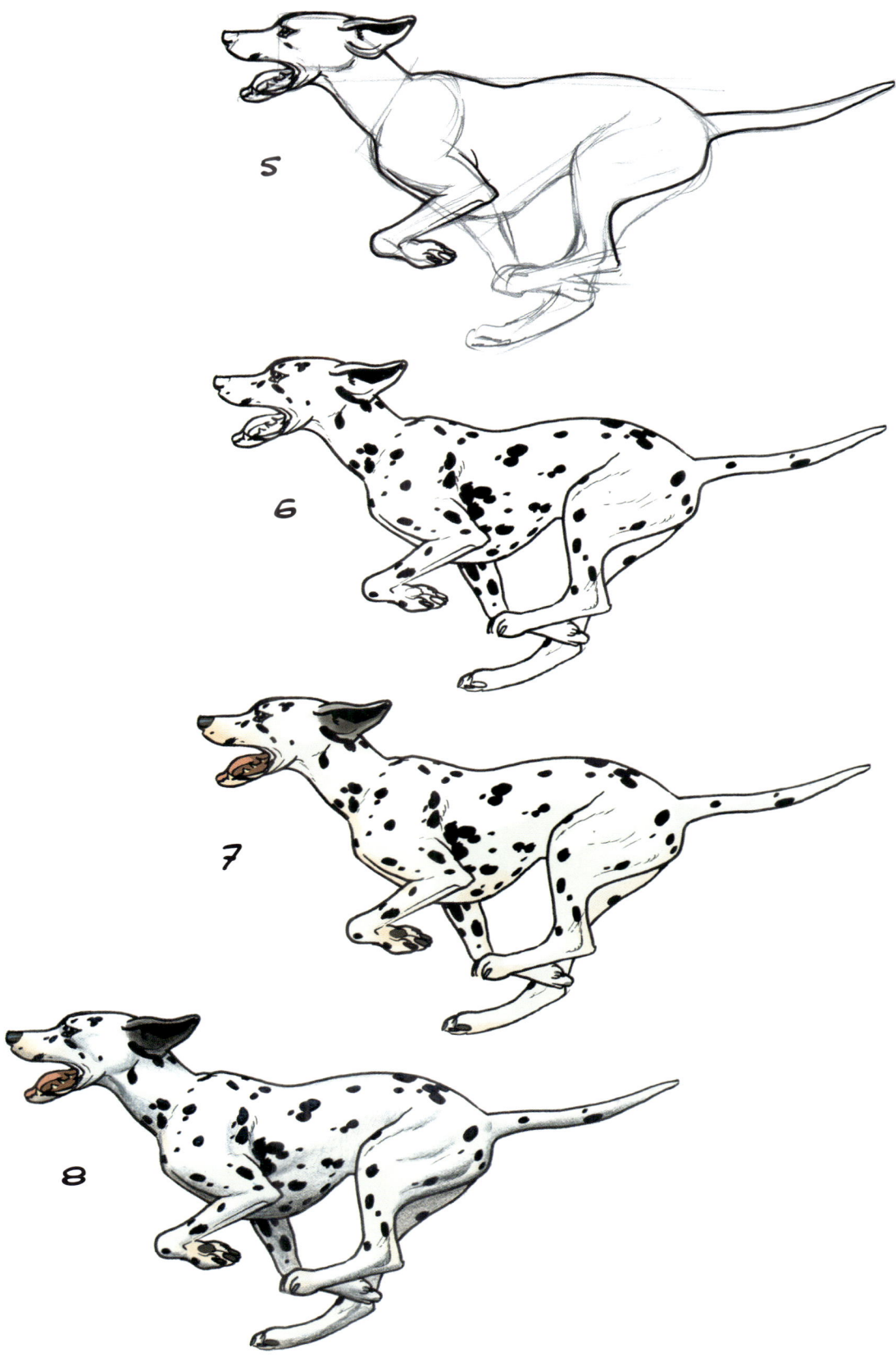

SCHNAUZER

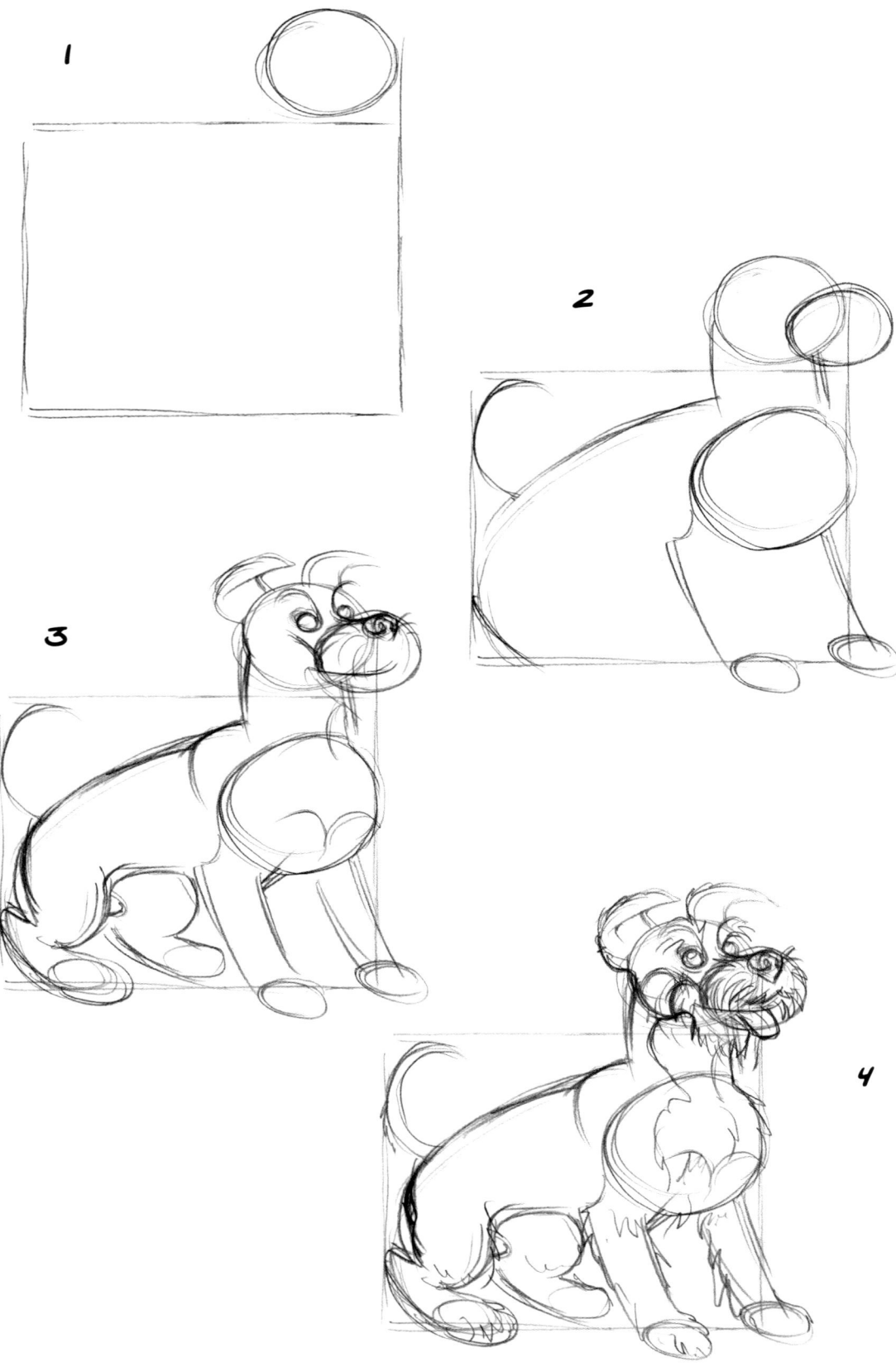

1

2

3

4

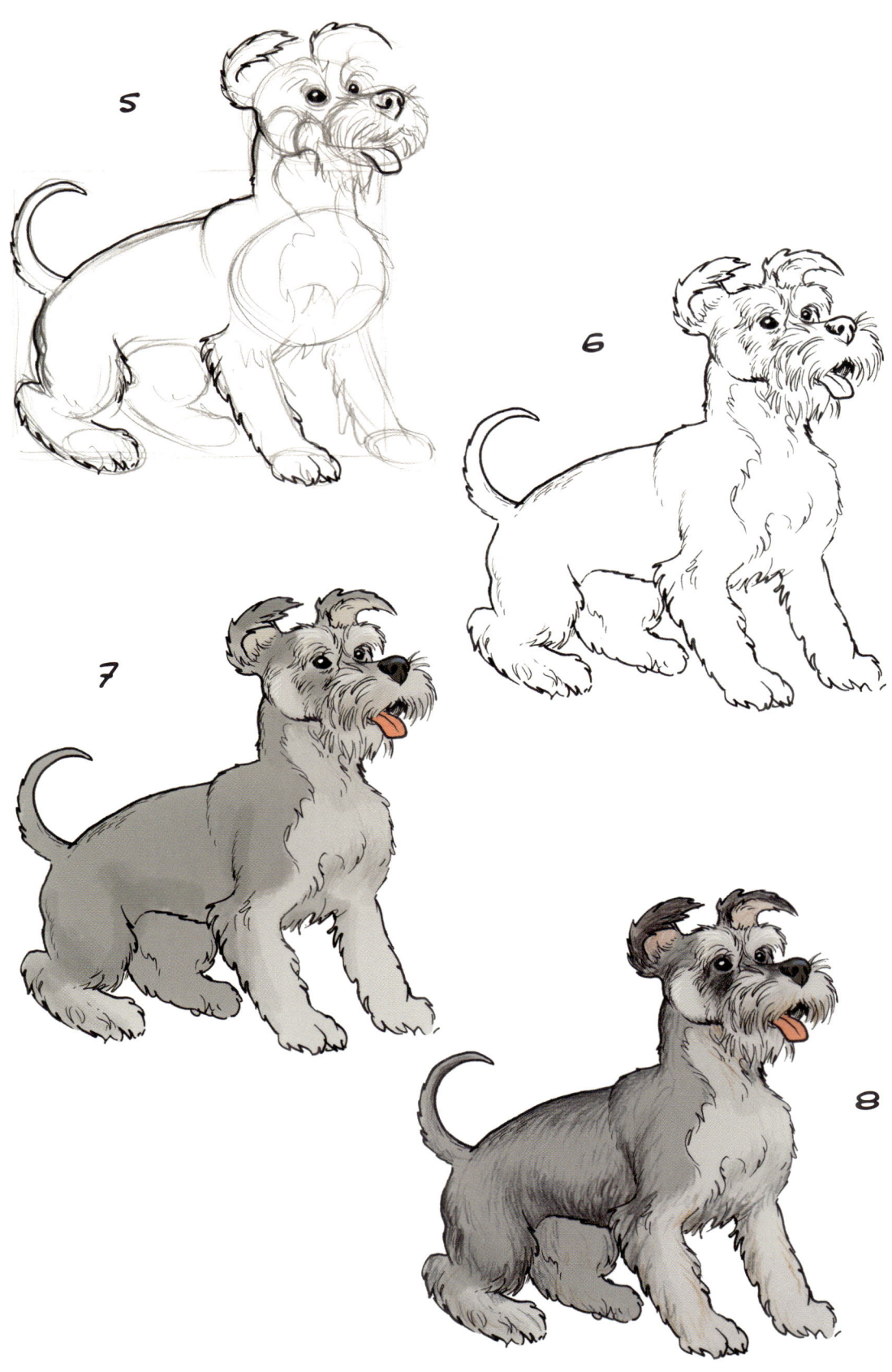

5

6

7

8

DOGO ALEMÁN

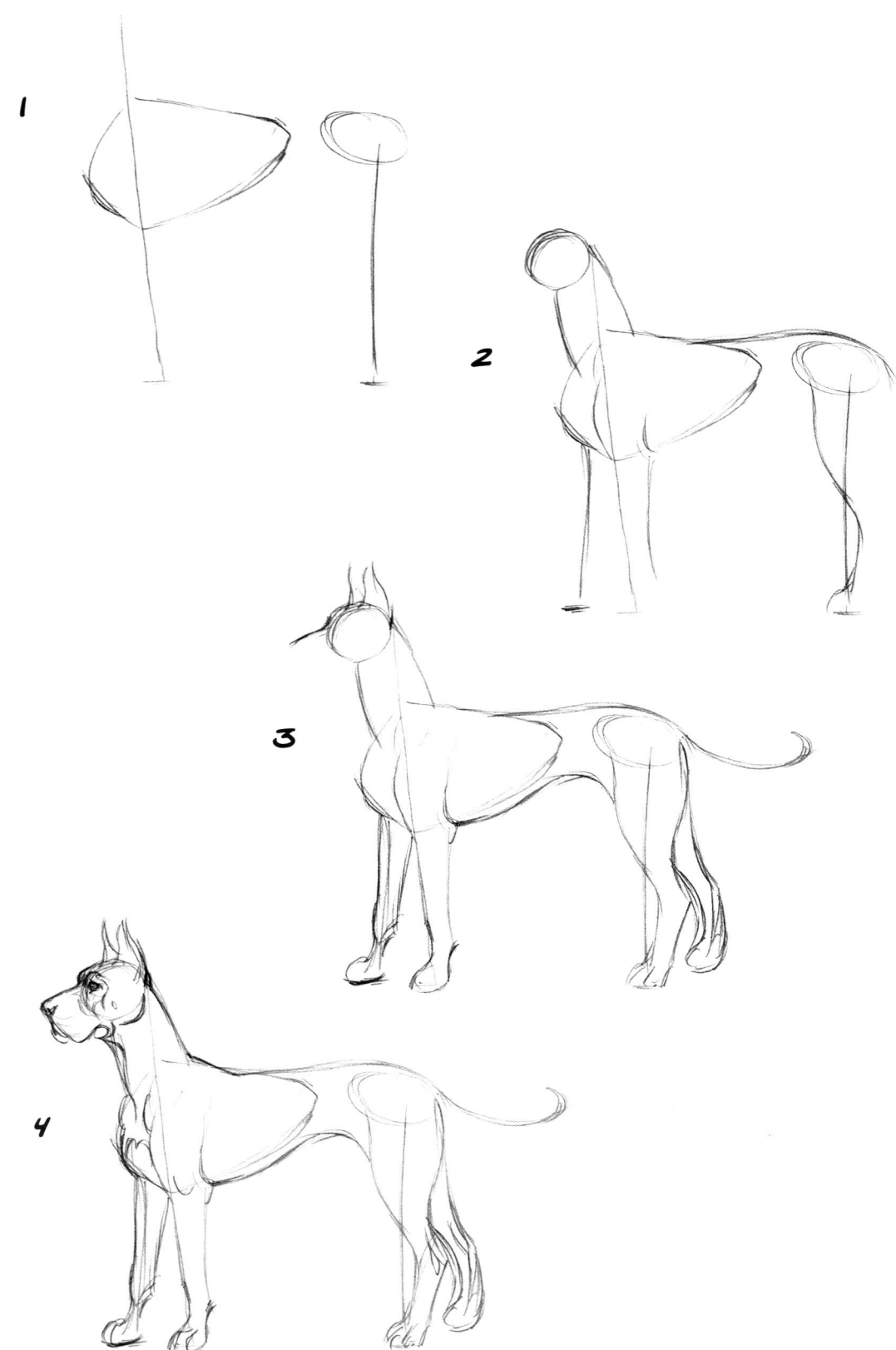

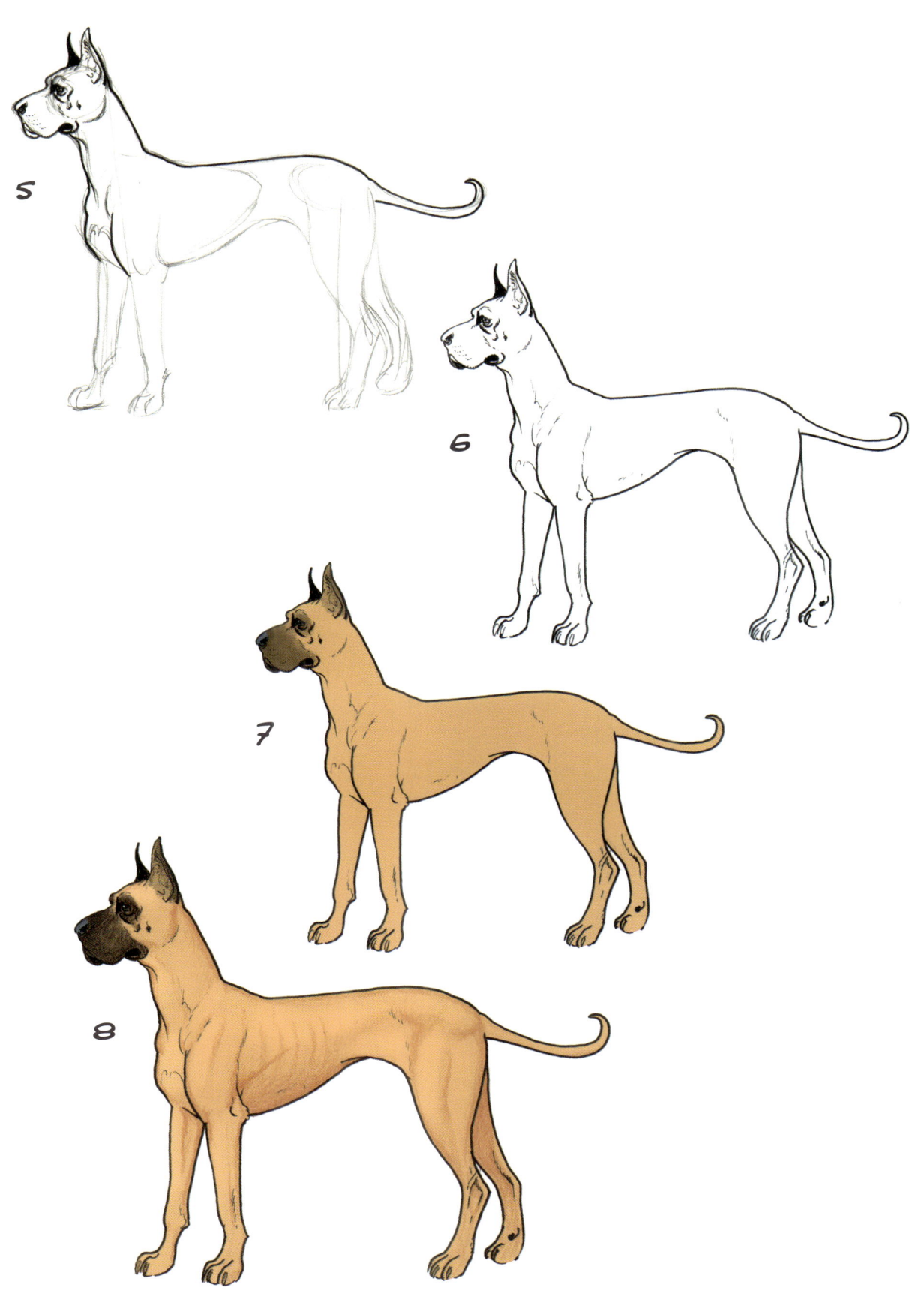

5

6

7

8

BOXER

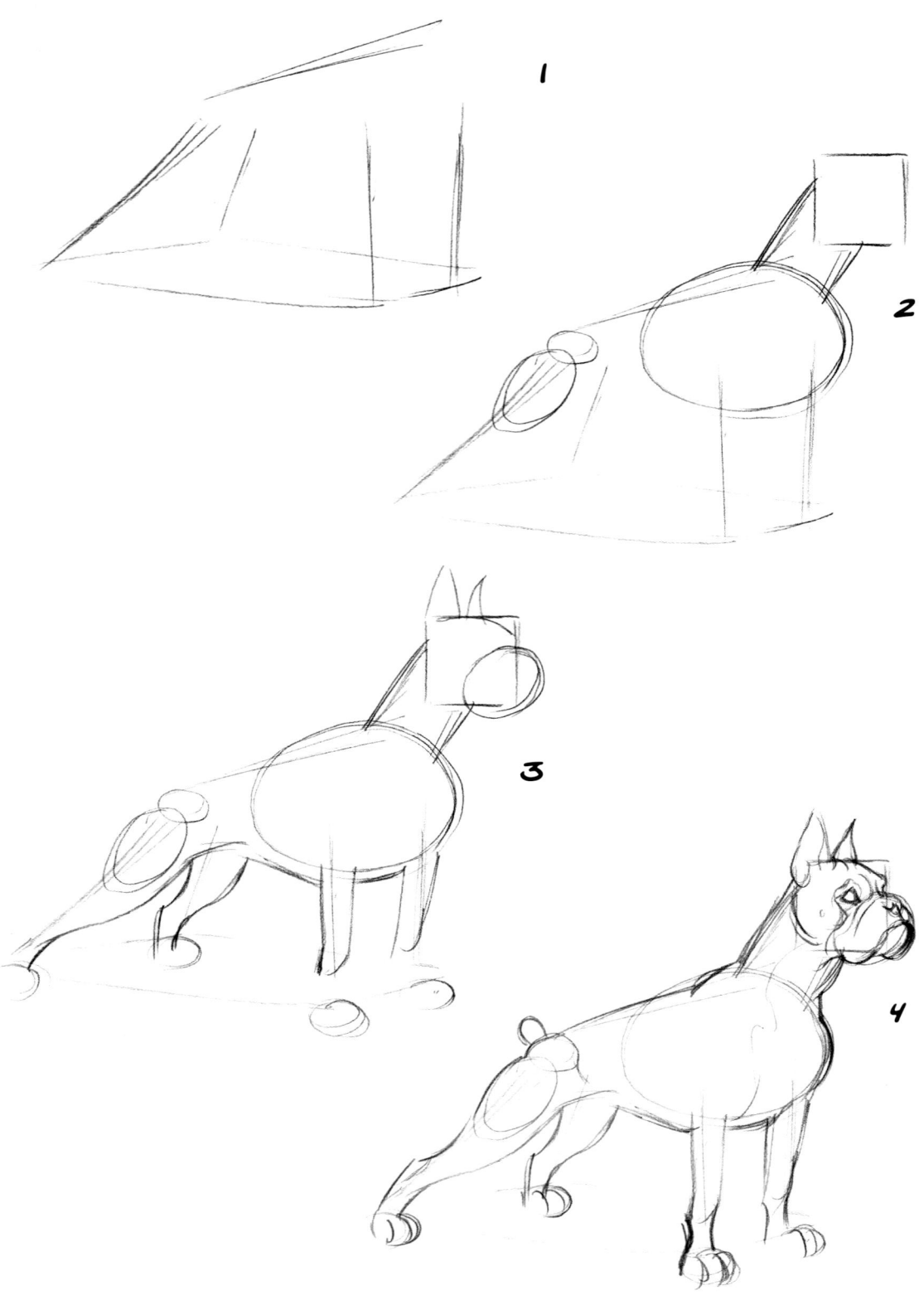

1

2

3

4

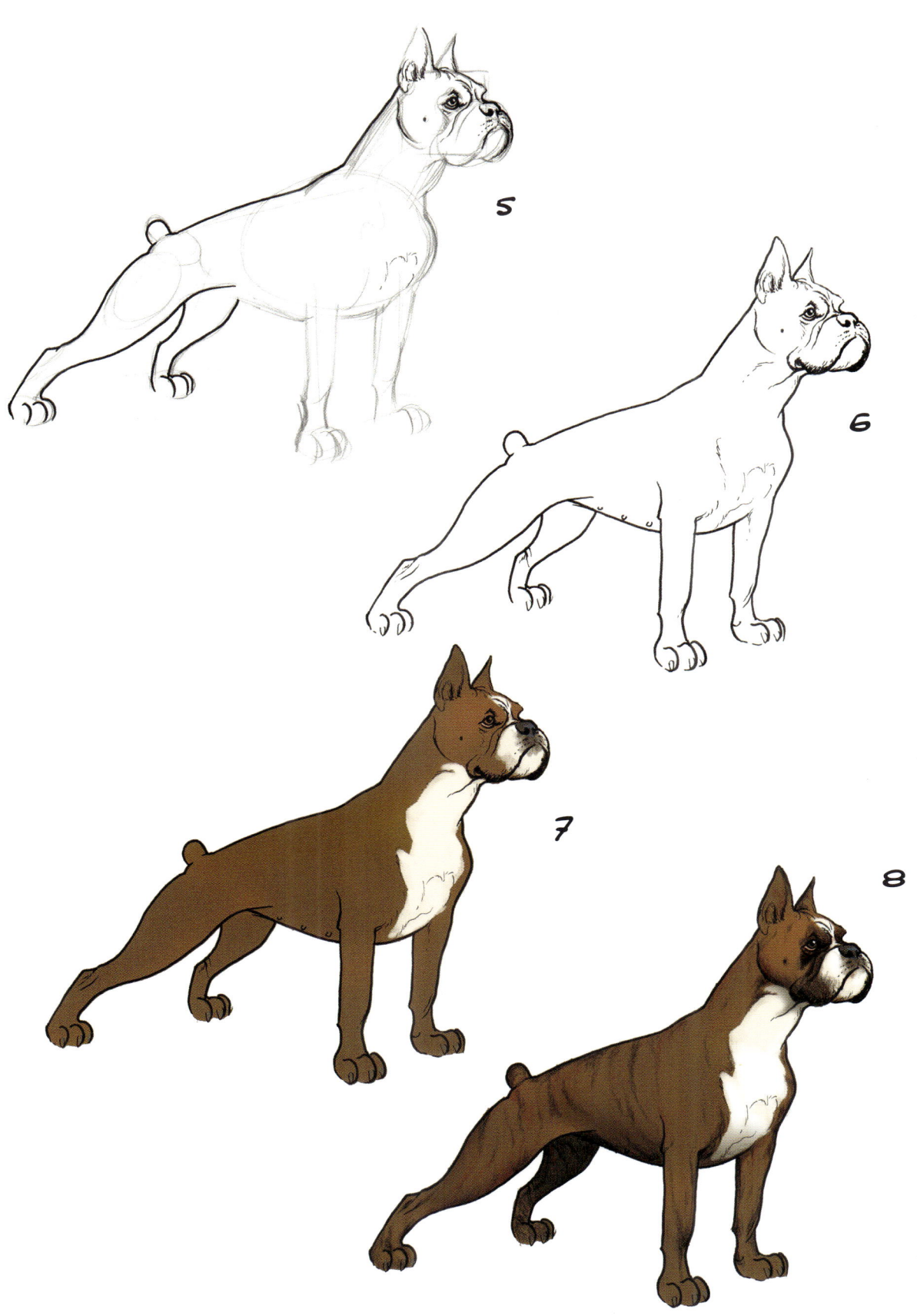

5

6

7

8

POINTER

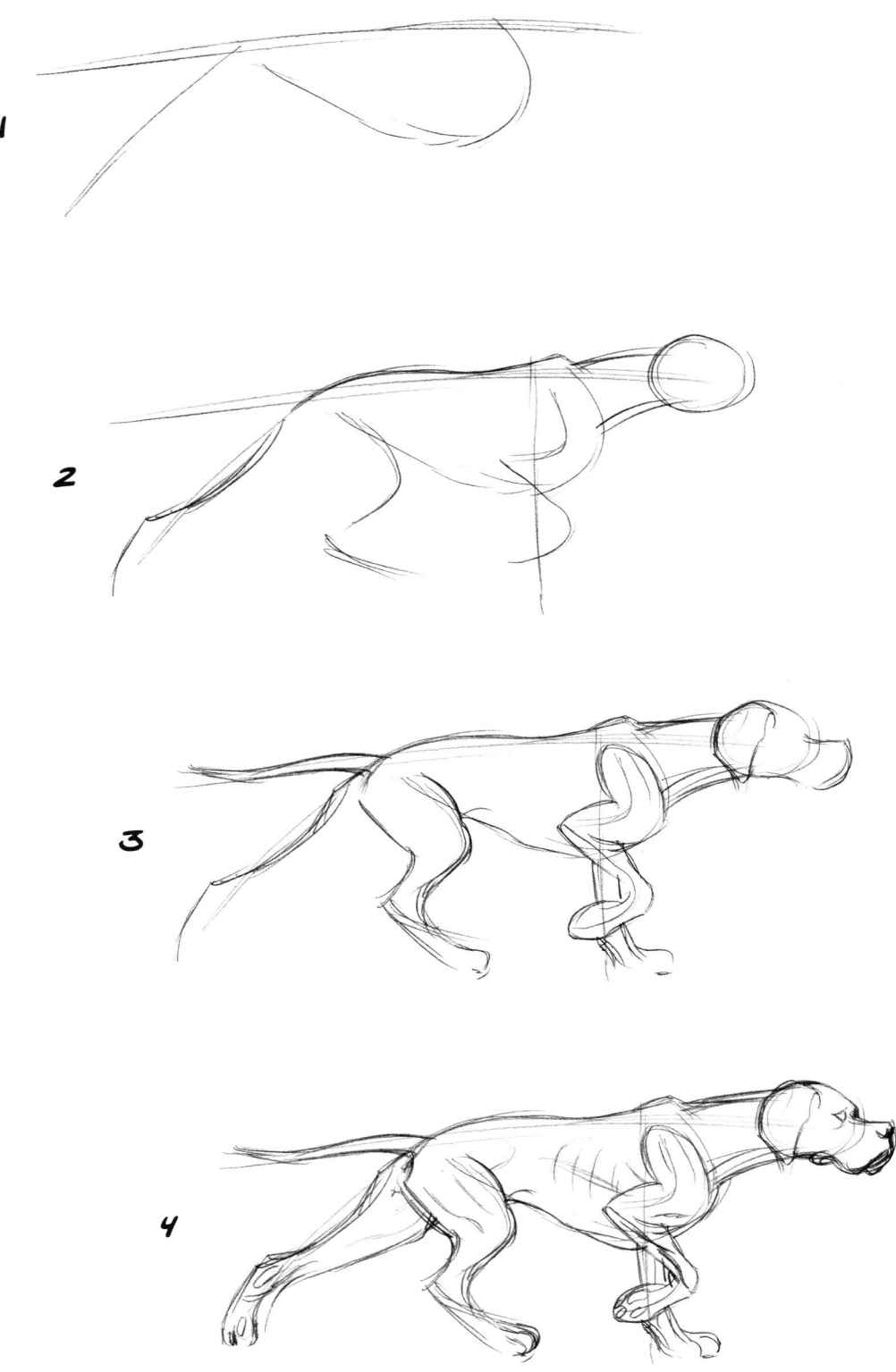

1

2

3

4

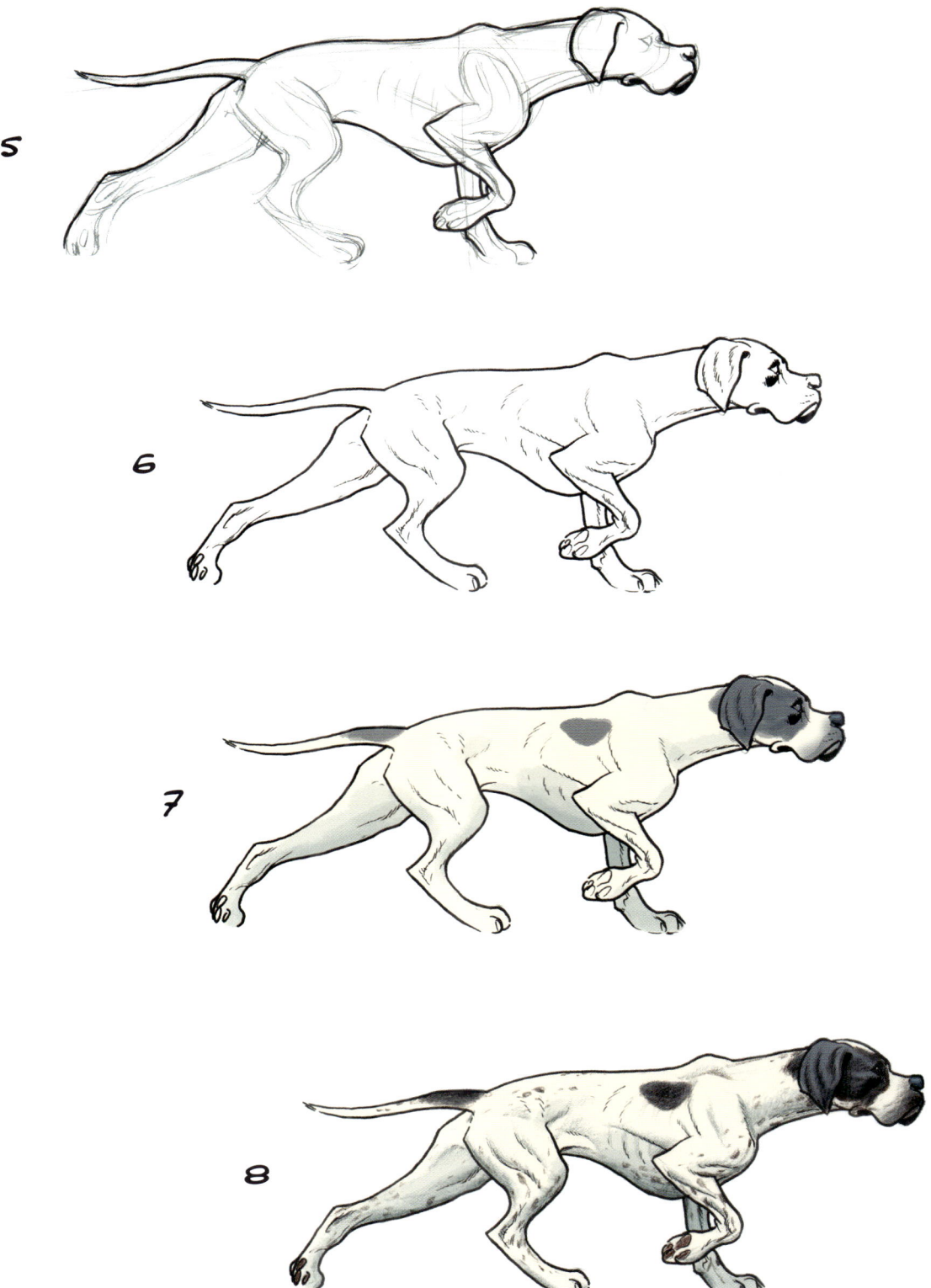

5

6

7

8

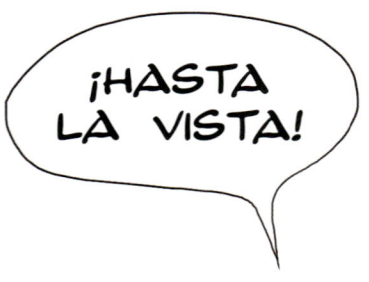
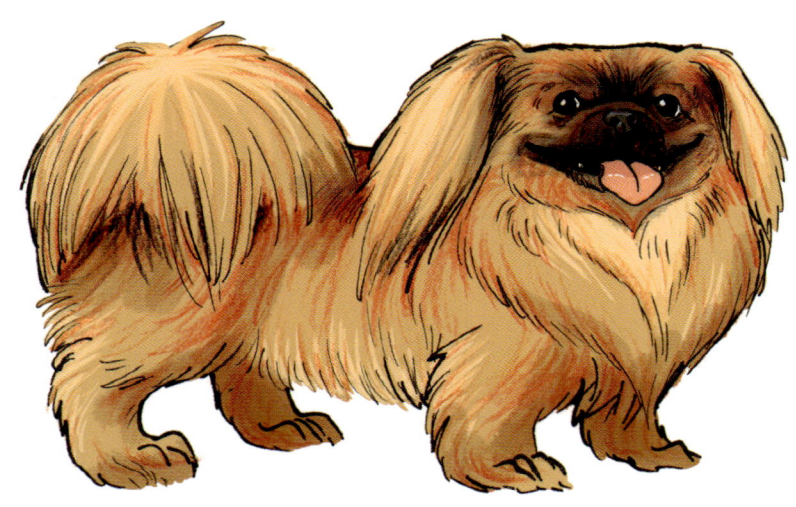